政策试验:组织模式与知识生产

POLICY EXPERIMENTATION:
ORGANIZATIONAL MODELS AND KNOWLEDGE PRODUCTION

周昕宇　著

图书在版编目(CIP)数据

政策试验:组织模式与知识生产 / 周昕宇著. —武汉：中国地质大学出版社，2025.5.
ISBN 978-7-5625-6189-7

Ⅰ. D035-01

中国国家版本馆 CIP 数据核字第 2025E217E1 号

政策试验:组织模式与知识生产		周昕宇　著
责任编辑:李焕杰	选题策划:李焕杰	责任校对:何澍语
出版发行:中国地质大学出版社(武汉市洪山区鲁磨路388号)		邮编:430074
电　　话:(027)67883511	传　　真:(027)67883580	E-mail:cbb@cug.edu.cn
经　　销:全国新华书店		https://cugp.cug.edu.cn
开本:787mm×1092mm　1/16	字数:200千字	印张:7.75
版次:2025年5月第1版	印次:2025年5月第1次印刷	
印刷:河北虎彩印刷有限公司		
ISBN 978-7-5625-6189-7		定价:38.00元

如有印装质量问题请与印刷厂联系调换

前　言

当今世界正处于大发展大变革大调整时期,面对复杂多变的政策环境,如何提升政策制定的绩效性和适应性,是政府治理普遍面临的现实课题。政策试验作为一种预设学习策略的政策制定机制,旨在生产和应用新知识,增进政策认知,为决策提供可靠的知识支持。观察中国改革开放以来的治国理政实践可以看到,政策试验得到了大规模运用,它通过持续生产和积累新知识,为增进决策认知提供了源源不断的知识支持,显著提升了公共政策的适应性和有效性,提高了国家治理的创新能力和韧性。面对不确定性的挑战,美国、英国、南非、印度及欧盟等一些国家和地区也在政策制定过程中引入试验机制,识别并学习最佳实践,推进政策创新和治理转型。

政策试验不仅在实践中得到了广泛应用,也是公共政策研究的热点议题。政策试验的理论渊源可以追溯到19世纪末20世纪初的实用主义哲学。实用主义主张将科学实验方法应用于改进人类管理行为,提出管理应当关注事实性知识,探求实验的实际效果,从经验中找到新知识来修正旧有观念。美国实用主义哲学家杜威强调,只有经过实践检验能够有效解决实际问题的观念,才是有价值的观念。到了20世纪60年代,坎贝尔创造性地提出社会改革的试验途径,将试验研究从哲学领域拓展到政策领域,主张小规模控制性试验是正式推行社会改革前检验政策效果的科学方法。之后,学者们集中于在方法论上探讨政策试验,发现随机对照试验等方法能够有效控制混淆因素和偏误,准确测量政策干预与结果之间的因果关系,为科学决策提供可靠证据。进入20世纪90年代以后,越来越多学者对政策试验作为一种科学检验方法提出反思和批评,与此同时一批学者注意到试验对于现代国家治理的积极意义,开始从宏观治理层面研究政策试验,形成了民主试验主义理论、试验主义治理理论、适应性治理理论等理论建构。

近年来,为解释中国发展经验,越来越多学者将目光投向中国改革过程中的政策试验现象。国内学者的早期研究将政策试验视为一种工作方法,发现很多改革采取先局部试点后全面推广的做法。德国学者韩博天最早将政策试验作为中国治理的一种制度安排进行学理研究。他注意到政策试验是解释中国经济发展和治理转型的关键机制,在经验观察的基础上提出分级制试验的理论建构,指出中央干预与地方分散试点相结合的持续互动机制是中国政策试验运作的核心机制。随后,学者们围绕中国政策试验的运作过程、类型模式、功能效用等展开了大量研究,深化了对中国特色政策试验的结构化、系统化认知。

本书在继承已有研究知识积累的基础上,关注政策试验强大的知识生产功能,建构政策试验的"组织模式与知识生产"分析框架,识别不同情境下政策试验的组织模式,解释不同试验模式的行动逻辑与知识生产功能。具体而言,本书将从理论框架构建、实证案例分析、政策创新阐释三个部分展开。首先,对政策试验相关研究进行系统梳理和综述,分析探讨已有研究的理论贡献以及值得改进和深入研究的地方,提出本书的研究旨趣,在此基础上构建理解政策试验的整合性分析框架;然后,利用理论框架对农村土地产权制度改革中的试验行动展开案例分析;最后,基于案例解析,提炼政策试验驱动政策创新的过程、学习模式及机制。

本书具体内容分为七章。第一章是导论部分。本章介绍了研究背景、研究问题和研究设计,解释了政策试验及其相近概念,对研究对象进行了明确界定,并对研究方法和案例选择进行了说明。第二章是文献综述部分。本章首先对政策试验研究的发展历程进行了回顾,厘清研究发展脉络;然后对政策试验的三种研究视角进行了梳理,把握当前政策试验研究的主要议题和切入点;之后对政策试验行动的三种竞争性解释进行了综合性阐述,澄清政策试验背后多样化的行动逻辑;最后在指出已有研究局限性的基础上,明确了本书的研究主旨,为第三章构建理论分析框架奠定基础。第三章以不确定性为逻辑起点,构建整合政策试验多种组织模式的学理性分析框架,为政策试验提供新解释。本章首先对议题不确定性这一关键情境变量进行解释;然后讨论知识生产的行动主体,以及政策试验的知识生产过程;之后依据议题不确定性和行动主体构成情况区分四类试验组织模式,解析每种模式的知识生产机理;最后对随着议题情境变化政策试验的模式转化情况展开分析。第四章和第五章是案例分析部分。第四章对包产到户的早期探索过程进行追溯,观察在改革方向不确定情境下政策试验的组织模式及所生产的知识。第五章对集体所有、家庭经营的农村土地产权制度确立后改革创新的一系列试点项目进行分析,考察在议题不确定性类型有所变化的情况下,政策试验组织模式的变化;之后,对案例分析部分进行总结,探讨随着议题不确定性变化,政策试验组织模式的转化规律。第六章对试验驱动政策创新的内在机理展开讨论。本章在对案例内容进行提炼的基础上,总结试验驱动政策创新的运作过程、学习模式和组织机制,多维度阐释政策试验是如何驱动政策创新的。第七章是结论与讨论部分。本章首先总结研究发现,提炼主要结论;之后提出改进试验机制的具体路径;最后对研究的创新之处和适用范围进行讨论。

本书的撰写与出版得益于诸多师友的鼎力支持,在此致以诚挚谢意。感谢杨宏山教授、毛寿龙教授、王丛虎教授、杨立华教授、崔伟奇教授、刘小康教授、吴新辉副教授等提供富有前瞻性和启发性的专业建议,使本研究以更加完善的形式呈现。同时承蒙中央高校基本科研业务费专项资金资助(NO.24CXTD04),本研究得以进一步深入开展并实现成果转化。

本书不免存在疏漏之处,诚盼读者不吝指正。

周昕宇

目 录

第一章 导 论 …………………………………………………………… (1)
 第一节 研究背景 …………………………………………………… (1)
 第二节 研究问题 …………………………………………………… (2)
 第三节 研究设计 …………………………………………………… (4)

第二章 文献综述 ………………………………………………………… (8)
 第一节 政策试验研究的发展历程 ………………………………… (8)
 第二节 政策试验运作的研究取向 ………………………………… (13)
 第三节 政策试验行动的逻辑解释 ………………………………… (18)
 第四节 已有研究的评价与本书的研究旨趣 ……………………… (21)

第三章 组织模式与知识生产：政策试验的整合性框架 ……………… (25)
 第一节 议题不确定性：理解政策试验的新视角 ………………… (25)
 第二节 政策试验中的知识生产 …………………………………… (30)
 第三节 政策试验的四种组织模式 ………………………………… (36)
 第四节 议题情境与政策试验模式转化 …………………………… (45)

第四章 农村土地产权制度改革的早期探索 …………………………… (48)
 第一节 社会自发型试验：包产到户的兴起 ……………………… (48)
 第二节 政社合作型试验：包产到户的推广 ……………………… (56)
 第三节 本章小结 …………………………………………………… (68)

第五章 农村土地产权制度的渐进完善 ………………………………… (70)
 第一节 权威倡导型试验：中央部署改革试点 …………………… (70)
 第二节 专家受托型试验：测试土地确权技术 …………………… (88)
 第三节 本章小结 …………………………………………………… (100)

第六章 政策创新的驱动机理：基于政策试验的解释 ………………… (103)
 第一节 试验驱动政策创新的运作过程 …………………………… (103)
 第二节 试验驱动政策创新的学习模式 …………………………… (106)
 第三节 试验驱动政策创新的组织机制 …………………………… (109)

第七章 结论与讨论 …………………………………………………………（113）
　第一节 主要研究结论 ……………………………………………………（113）
　第二节 优化政策试验的路径分析 ………………………………………（115）
　第三节 理论创新与适用范围 ……………………………………………（116）

第一章 导　论

第一节　研究背景

当今世界正经历百年未有之大变局,政策环境复杂多变,不确定性成为各国政策制定面临的重大挑战。不确定性意味着针对一项政策议题,决策者受制于现有的认知水平,既无法清晰界定政策目标,也难以理性设计一套完整的政策选项,政策建构处于模糊状态①。这种不确定性对决策活动提出严峻挑战,决策者需要持续获取并应用新知识,增进政策认知,提高决策质量,降低改革风险。面对不确定性,越来越多国家在政策过程中引入试验机制,通过在局部范围内探索创新问题解决方案,观察和检验政策效果,不断生产新的政策知识,提高认知水平,制定政策安排。20世纪80年代,美国联邦政府要求专门组织试验测试不同干预措施的效果,从中识别最佳方案,迎来了社会政策试验的黄金时代②。英国自20世纪90年代以来,鼓励采用试验方法提前测试新政策的有效性,获取证据知识为决策提供参考③。近年来,南非、印度、越南等发展中国家也尝试通过试验途径提升政策创新能力,在边做边学中探索新的政策安排,应对不确定性的挑战④。

相比这些国家,在中国国家治理中,政策试验的组织规模更大,得到了更广泛的应用。早在革命战争时期,中国共产党领导层就高度重视政策试验,用之灵活应对各种不确定性。之后,政策试验这一宝贵工作经验被沿用下来,逐步上升为公共决策的原则和制度。改革开放以来,中国持续推进经济转轨和社会转型,政策试验在其中发挥重要作用,通过调整政策导向

---

① MATHIEU E, RANGONI B. Balancing experimentalist and hierarchical governance in European Union electricity and telecommunications regulation: a matter of degrees[J]. Regulation & Governance, 2019, 13(4): 577-592.

② HAUSMAN J A, WISE D A. Social experimentation[M]. Chicago: University of Chicago Press, 1985.

③ OAKLEY A, STRANGE V, TOROYAN T, et al. Using random allocation to evaluate social interventions: three recent UK examples[J]. The Annals of the American Academy of Political and Social Science, 2003, 589(1): 170-189.

④ BERKHOUT F, VERBONG G, WIECZOREK A J, et al. Sustainability experiments in Asia: innovations shaping alternative development pathways?[J]. Environmental Science & Policy, 2010, 13(4): 261-271.

和激励机制,调动局部地区创新热情,提前测试新政策的有效性,降低全局性改革风险。面对中国丰富的试验实践,韩博天(Sebastian Heilmann)最早将政策试验作为中国治理的一项制度安排展开学理研究①。他注意到政策试验对于中国改革创新具有重要意义,认为试验是应对不确定性的有效途径,是解释中国经济发展和治理转型的关键机制。王绍光也提出,在中国改革开放进程中,决策者通过政策试验积累经验教训,顺应环境变化,动态调整政策目标和手段,形成了高适应性的中国治理模式②。

政策试验作为一种有组织的政策学习行动,具有探索性和可逆性,旨在生产和应用新知识,增进对新状况的认知,为政策制定提供充分的知识支持,在应对不确定性的挑战、稳步推进改革创新方面表现出巨大潜力。不论是实务界还是理论界,一个共识性观点是,政策试验通过事先在局部范围内尝试政策创新,观测新政策的实际效果,生产新知识、积累新经验,在此基础上作出决策,有助于控制改革风险,灵活应对各种不确定性。然而,对于其中一个关键环节,即政策试验是通过哪些组织模式促进知识生产,增进新知识、新经验积累的,已有研究尚未展开深入探讨。

在中国改革开放进程中,从改革初期经济体制转轨和各项制度初创阶段,到全面深化改革的新阶段,决策者通过不同形式的政策试验促进新知识生产、增进政策认知,化解了一系列风险和挑战,稳妥推进各项改革创新,成功实现了"迈开步子、蹚出路子"。要深度解读政策试验这一中国改革奇迹的制度密码,有必要充分认识政策试验的知识生产功能,考察不同议题情境下政策试验促进知识生产的组织模式。这有助于深化对政策试验的理论认识,在实践层面改进试验的机制设计,提高国家政策创新能力和治理水平。

第二节 研究问题

历史地看,政策试验长期且广泛地存在于中国政策实践当中,尤其是改革开放以来,在全面实施重大公共政策之前,通常会在局部范围"先行先试"新的政策方案③。有研究者指出,改革开放以来,中国成功地实现了从传统经济向现代经济、从计划经济体制向社会主义市场经济体制的转型,这其中政策试验功不可没,如果没有政策试验,中国改革不可能取得这些成就,不可能实现现代化事业的巨大成功④。林毅夫和玛雅也强调,中国改革成功得益于"摸着石头过河",改革开放初期并没有具体的设计蓝图,正是政策试验的推进,使得新政策不断产出,中国经济体制越来越接近市场化⑤。我们不禁思考:政策试验何以在中国改革开放事业

---

① HEILMANN S. Policy experimentation in China's economic rise[J]. Studies in Comparative International Development, 2008, 43(1): 1-26.

② 王绍光.学习机制与适应能力:中国农村合作医疗体制变迁的启示[J].中国社会科学,2008(6):111-133.

③ 周望."政策试验"解析:基本类型、理论框架与研究展望[J].中国特色社会主义研究,2011(2):84-89.

④ 宁骚.政策试验的制度因素:中西比较的视角[J].新视野,2014(2):27-33.

⑤ 林毅夫,玛雅.中国发展模式及其理论体系构建[J].开放时代,2013(5):194-211.

中如此重要？本研究关注政策试验多样化的组织模式，考察不同模式的知识生产功能，并以此为切入点，在继承已有研究知识积累的基础上，从不确定性视角审视中国试验实践，解析政策试验运作，围绕下面这一核心问题展开研究。

在议题不确定情境下，政策试验有哪些组织模式？在政策实践中，政策试验并不是遵循固定模式和步骤运作的，而是一种具有明显实用主义特征的政策制定机制，可根据实际需要灵活采取不同的行动逻辑和组织样态[1]。改革开放以来，通过大规模地组织政策试验，中国国家治理已经探索发展出了多样化的试验模式。在不同议题情境下，决策者面对的不确定性类型有所差异，对政策知识的需求不同，需要采用不同模式组织试验，进行知识生产。那么，从议题不确定性视角来看，政策试验具有哪几种组织模式？这些试验模式分别由哪些政策行动主体主导？不同试验模式是如何吸纳并应用来自不同政策行动主体的知识促进新知识生产的？相比而言，不同试验模式分别侧重于生产哪类知识？

围绕上述问题，本研究进一步凝练出以下问题重点探讨。

第一，政策试验是如何在不确定情境下促进知识生产的？一直以来，政策试验被通俗地理解为"摸着石头过河"，是在没有前人经验可借鉴、事先不清楚改革路径和结果的情况下，边干边摸索总结经验，稳步推进改革的重要工作方法。韩博天指出，政策试验是处理改革中的不确定性和分歧的可靠途径。改革是一个推陈出新的过程，需要庞大而统一的知识体系作为支撑[2]。那么，在对各方面情况都不确定的条件下，决策者是如何组织政策试验促进知识生产，满足改革决策巨大知识需求的呢？

第二，不同试验组织模式之间存在怎样的转化关系？议题情境不是固定不变的，随着时间推移，议题不确定性类型会发生变化，需要政府系统作出差异化的政策反应，根据知识存量和决策所需的知识增量采用恰适的试验组织模式，促进知识生产，应对不确定性。本研究将探讨议题不确定性与政策试验的组织模式之间存在怎样的内在联系，考察随着不确定性类型发生变化，政策试验模式会发生怎样的转化。

第三，政策试验是如何驱动政策创新的？政策试验被认为具有探索精神，能够助力新生事物的发现和成长，被认为是政策创新的重要驱动机制[3]。有研究者指出，政策试验是中国特色政策创新的方式，推动新政策逐渐具体化、细致化、成熟化[4]。那么，从不确定性视角来看，政策试验是如何通过促进知识生产克服各种不确定性，将一些最初模糊的改革设想转化为成熟的政策安排，成功实现政策创新的？

---

[1] 陈昭."众创"试验：理解中国政策创新的新视角：基于干部容错纠错机制演化的案例研究[J].公共行政评论,2022(1):127-147.
[2] HEILMANN S.中国经济腾飞中的分级制政策试验[J].开放时代,2008(5):31-51.
[3] 宁骚.政策试验的制度因素：中西比较的视角[J].新视野,2014(2):27-33.
[4] 张勇杰.渐进式改革中的政策试点机理[J].改革,2017(9):38-46.

第三节 研究设计

一、研究方法

研究方法关系到"如何研究"这一重要问题。本研究旨在解析议题不确定情境下政策试验的组织模式,解释不同试验模式是如何促进知识生产、增进新知识积累,进而成功驱动政策创新的。根据需要,本研究综合使用类型学研究法、案例研究法、文本分析法等多种研究方法,以期回应研究问题,得到可靠的研究发现。

1. 类型学研究法

类型学研究法遵循归纳逻辑,是根据特定的标准或维度对研究对象进行分类,将相同的现象归为同类,相异的现象归为另一类,对研究对象形成系统认知的过程[1]。其中,韦伯提出的理想类型(ideal type)分析法是一种特殊的类型学方法,它是依据单方面突出的一个或多个特征,将一系列松散的现象整合为一个系统的分析结构[2]。这种分析结构具有明显的抽象性、复合性、诠释性和对照性特征,以便更好地理解现实生活中的复杂现象。本研究在理论框架构建部分主要采用这种方法,基于文献梳理和分析,依据议题不确定性和政策行动主体的差异性,构建理解政策试验的理想类型,区分四种试验组织模式,形成对政策试验的结构性认知,再对不同模式间的动态转化展开分析。

2. 案例研究法

本研究主要运用案例研究法中的过程追踪法和多案例研究法展开实证分析。案例研究法作为一种实证研究方法,是运用大量事例证据对特定现象展开研究的方法。它需要收集多种来源的资料,对所有资料进行汇总和交叉分析[3]。政策试验并非一个纯粹的理论层面的概念,它是与现实情境紧密关联的常见政策现象,适用案例研究法。本研究选择农村土地产权制度改革作为案例,将其分为包产到户试验探索过程和家庭联产承包责任制确立后的改革发展过程两个阶段,分别运用过程追踪法、多案例研究法对这两个阶段的政策试验进行具体分析研究。

在案例分析部分,考虑到农民群体和一些地方政府为了改革农村土地产权制度,经历了漫长的探索,曾试行包产到户的做法,且不同时期的包产到户试验呈现出差异化的运作特点,基于此,本研究选用过程追踪法,利用图书馆、档案馆馆藏资源,查阅有关包产到户的书籍、期

---

[1] 曹堂哲. 公共管理研究方法:基于公共管理问题类型学的新体系[M]. 北京:北京大学出版社,2014.
[2] 马克斯·韦伯. 社会科学方法论[M]. 朱红文,译. 北京:中国人民大学出版社,1992.
[3] 罗伯特·K. 殷. 案例研究:设计与方法. 5版[M]. 周海涛,史少杰,译. 重庆:重庆大学出版社,2017.

刊、口述史料、新闻报道等资料,梳理、解读、比对相关文本,对包产到户试验过程进行追踪分析,刻画在宏观政策方向和具体政策目标尚不确定的情境下,政策试验的组织模式和知识生产情况。过程追踪法被认为是在个案研究设计中考察因果机制的工具,它以追踪描摹因果机制为目标,能够对结果得以出现的因果过程作出强有力的个案内推断①。本研究主要运用理论检验型过程追踪法,以理论为中心,先从现有文献中演绎出理论框架,再收集并分析包产到户试验的经验事实,检验是否有证据表明理论预设成立。

在家庭联产承包责任制确立后,中央及地方各级政府在农村承包地、集体经营性建设用地、宅基地产权制度改革方面发起了诸多试点项目,致力于探索多样化的政策工具和技术手段,巩固集体所有、家庭承包的农村土地产权制度。在相对集中的时间段内数量众多的试点项目为开展多案例研究提供了可能,为观察权威倡导型、专家受托型试验的运作规律和特点提供了丰富的实证材料。多案例研究法是对两个或两个以上案例进行对比和分析,识别被分析案例单元之间的相似性和异质性,以更加准确地描述不同构念及其相互关系,为验证和拓展理论框架提供坚实的基础②。本研究通过访问中央政府相关部委和地方政府的门户网站、北大法宝等数据库,查阅家庭联产承包责任制确立后,为了适应新的政策环境国家继续推进农村土地产权制度转型发展的一系列试点项目,进行多案例分析。具体而言,本研究主要采用多案例研究中的求同法,一方面选取中央在农村土地产权制度改革中部署的十个试点项目,逐一详细描述,进行跨案例分析,发掘权威倡导型试验的核心特征;另一方面,选择农村土地确权登记改革中的三个试点项目,先详细叙述每个试点项目的内容,再进行跨案例比较,总结共性特征,探究专家是如何开展试验、促进知识生产的。

3. 文本分析法

文本分析法是对文本的表层表述进行解析,抓取特征项,深入理解文本的深层次含义,以文本内容为基础剖析概念间的内在关联。本研究将农村土地产权制度改革作为实证案例,对相关文本内容进行梳理和归类,旨在探究议题不确定情境下每一类政策试验组织模式的行动逻辑和知识生产功能,验证理论框架。笔者首先整理并解读大量文献资料,对早期包产到户试验进行过程追踪,识别农民群体自发组织试验以及农民与政府部门合作推进试验、加快知识生产、实现政策创新的发生逻辑,之后整理了家庭联产承包责任制确立后,中央及地方各级政府为开展试点项目出台的政策文件,重点梳理文件规定的试点目标、基本原则、试点任务、组织领导等内容,探寻中央政府利用政治权威统筹组织试验以及技术专家受权开展试验的行动规律。

---

① 德里克·比奇,拉斯穆斯·布伦·佩德森. 过程追踪法:基本原理与指导方针[M]. 汪卫华,译. 上海:格致出版社,2020.

② EISENHARDT K M. Building theories from case study research[J]. Academy of Management Review, 1989, 14(4): 532-550.

二、案例选择

本研究选择典型案例进行实证分析,一方面是进入实际改革情境中印证理论分析框架,考察随着议题不确定性变化,政策试验的组织模式和知识生产方式的变化;另一方面是从案例分析中把握细节、进一步寻找规律,总结不确定情境下政策试验驱动政策创新的过程和具体机制。本研究选择农村土地产权制度改革作为案例展开分析,主要是出于以下几方面考虑。

1. 案例具有典型性

改革开放以后,我国走上了建设中国特色社会主义的道路,不断推进各方面制度发展和完善。其中,土地制度是国家的基本制度,对于加快农业现代化、推动城市化、提高国民经济运行质量和改善国民居住形态具有重要意义,并随着经济社会发展经历了深刻变革。可以说,土地制度改革历程就是一段政策试点经验史。本研究关注农村土地产权制度改革,这项重大改革历时较长且具有连续性,在此过程中穿插着各式各样的试点项目,为观察一项高度不确定的改革议题是如何通过多样化的试验模式生产知识增进认知的,提供了绝佳的现实场域;同时,这项改革与关键变量的契合度高,议题不确定性是本研究的关键情境变量,农村土地制度改革在不同阶段面临的不确定性类型存在着较高的区分度,能够充分展示不确定性这一核心变量的重要影响作用,确保对理论框架的解释力。

2. 分析对象属于同一政策领域

相较于选择不同领域的多个试点项目进行多案例研究而言,对同一改革领域内的多项试点案例展开分析,不仅可以深化对每一类试验模式的认知,而且能够更加细致地观察不同试验模式之间的关联和演化,在此基础上进一步提炼政策试验的发生机制和运作规律。本研究将农村土地产权制度改革中不同阶段的试点项目作为实证分析对象,不仅有助于确定案例分析的边界,提升案例研究的情境性和整体性,而且有助于生动呈现改革进行的不同阶段,议题不确定性类型的变化所带来的试验组织模式的动态转化过程,及其对制度转型产生的影响,为在不确定性、政策试验、知识生产之间建立理论联系提供扎实的现实依据。

3. 案例资料丰富度和可及性高

在案例研究过程中,必须多渠道大量收集具有权威性和代表性的资料,经过反复比对和核验,用于案例分析,才能确保案例呈现具有可信度和说服力,使研究结论更具可靠性。这就要求所选取的案例在现实世界中就存在大量如政策文本、新闻报道等相关资料,并且这些资料是研究者可获取的。有学者指出,案例研究需要丰富的描述,这种丰富性对于新发现的产生非常关键①。本研究所关注的农村土地产权制度改革具有重大意义,截至目前有关试点项目和一些政策调整已经积累了大量政策文件、口述史料、媒体报道、学术研究等各类公开文献资料,能够为刻画试验运作细节、不同政策主体间的互动方式、政策知识生产机理提供丰富的材料支撑,为提炼创新性的理论发现提供坚实的事实基础。

---

① MINTZBERG H. The structuring of organizations[M]. New Jersey: Prentice Hall, 1979.

第二章 文献综述

本书关注议题不确定情境下政策试验差异化的组织模式以及相应的知识生产功能。为了深入探究这一研究议题、构建理论框架,本章对政策试验已有研究进行了系统性回顾。本章首先梳理政策试验研究的发展历程,勾勒出研究的发展脉络,突出不同阶段试验研究的主要议题和观点;其次对政策试验运作的三种研究取向进行梳理,从不同角度认识政策试验的组织运作特点;然后对政策试验行动的三种竞争性解释进行回顾,把握政策试验背后多样化的行动逻辑。在此基础上,反思并讨论现有研究的贡献与局限性,为后文构建理论分析框架奠定基础。

第一节 政策试验研究的发展历程

政策试验的思想渊源发端于19世纪末20世纪初的实用主义哲学,此后经过一百多年的发展,政策试验逐渐成为政策科学领域的热点议题。历史地看,政策试验研究大致经历了三个发展阶段:第一阶段是19世纪末至20世纪50年代,早期哲学讨论时期;第二阶段是20世纪60年代至80年代,科学检验研究时期;第三阶段是20世纪90年代至今,试验治理研究时期。

一、早期哲学讨论时期

在早期认识论发展时期,实用主义(pragmatism)的倡导者初步在哲学层面对试验理念进行了探讨。实用主义哲学以信奉科学为出发点,是一种强调经验、注重行动、关注效果的学说。皮尔斯是实用主义哲学流派的开创者和奠基人,他在19世纪70年代最早将实用主义引入哲学领域。他认为实用主义不是一种形而上学的学说,而是用来弄清楚一些难解抽象概念的方法,其核心是科学实验方法,实验可以被用来验证和发展信念[1]。皮尔斯十分强调实验的重要性,认为科学不应当服从信仰而要服从实验,哲学是以观察为基础的实证科学,一个概念只有根据其实验结果来确定,才是有意义的[2]。在他看来,科学方法是一种基于经验观察的实验法,它以事实观察为基础提出假设,进行演绎推理,最后由经验事实来检验假设,这样

---

[1] 周祯祥. 皮尔斯 刘易斯 蒯因:实用主义哲学家和模态逻辑[M]. 广州:广东人民出版社,2014.
[2] 刘放桐. 实用主义的研究历程[M]. 上海:复旦大学出版社,2018.

依据客观事实确立的信念是一种真实、确定的信念①。同时,他也强调,绝对的确定性、精确性、普遍性是不可能实现的,依据科学实验方法确立的信念也可能随着新的事实证据的出现而被推翻,因而信念需要不断被检视和修正,才能提升认知的预测能力,应对环境变化所造成的不确定性②。

詹姆斯在接受皮尔斯的观点的基础上,系统地阐述了实用主义基本理论,在20世纪初的美国掀起了一场声势浩大的实用主义运动,被视为实用主义哲学的重要开拓者和传播者。他认为,实用主义在哲学体系中代表着经验主义的态度,具体而言,是"从最初的事物、原则、'类别'、假设的自然规律上移开视线的态度,以及寻找持久的事物、结果、效果和事实的态度"③。与皮尔斯的不同之处在于,詹姆斯更加强调个人生活、经验、实践的作用,认为只有经生活和实践检验有良好实际效果的观念和行动才有价值④。詹姆斯的实用主义观以个人为中心、以实效为依据,强调个人与环境的交互作用。在他看来,真理不是一成不变的,是根据人的现实需要创造的,真理的存在和性质会随着环境以及个人经验的变化而改变,要动态地看待真理,根据新的经验不断发展真理⑤。

杜威在延续皮尔斯和詹姆斯经验取向的同时,对实用主义的内涵和应用范围进行了创造性的拓展,是实用主义哲学的集大成者。在杜威的思想理论体系中,一个重要组成部分是将实用主义的基本原则和方法应用于解释和应对社会政治问题。杜威指出,实用主义是一种依附于实验探讨思想和真理的本质的理论,实验不仅是生产经验的科学方法,也是促进社会进步和改造、实现现代民主和道德伦理的重要工具⑥。当时,杜威意识到实验方法成功推动了科学的巨大进步,主张将其从自然科学实验室转移应用到现实社会当中⑦。他提出,在实验室中运用实验方法进行探究是一个从错误中吸取经验教训、不断自我纠正的过程,在实验室外的复杂社会中,决策更容易出错,也更有必要不断得到纠正,需要采用实验方法寻找问题解决方案⑧。杜威认为,实验是一种理性改造社会的良方,用于解决社会问题的任何方案都应当是试验性的、不武断的、不固执己见的,所有政策建议都应该被视为需要经过实验结果检验

---

① HARTSHORNE C, WEISS P. Collected papers of charles sanders peirce: vol. V, pragmatism and pragmaticism[M]. Cambridge: Harvard University Press, 1935.
② BERTMAN M A. Classical American pragmatism[M]. Tirril England: Humanities-Ebooks, 2007.
③ 威廉·詹姆斯. 实用主义:一些旧思想方法的新名称[M]. 王怡然,陈鏊,译. 北京:北京理工大学出版社,2019.
④ JAMES W. Pragmatism: a new name for some old ways of thinking[M]. New York: Longmans, Green and Co., 1907.
⑤ 杨文极. 美国实用主义研究[M]. 北京:社会科学文献出版社,2018.
⑥ DEWEY J. Logic of experimentation[M]// MONROE P. A cyclopedia of education vol. Two. Detroit: Gale Research Co., 1911.
⑦ BOYDSTON J A. The later works of John Dewey (1925—1953)[M]. Carbondale: Southern Illinois University Press, 1981.
⑧ SABEL C F. Dewey, democracy, and democratic experimentalism [J]. Contemporary Pragmatism, 2012, 9(2): 35-55.

的,并根据实验反馈不断得到修订①。因此,杜威将他的观点称为"实验主义"。

"探究"是杜威"实验主义"思想的核心概念。根据杜威的定义,探究通过引导手段或控制手段,化解不确定性,促使一种清晰、有条理的状态替代原先混乱、迷惑的状态②。在杜威看来,不确定性会引起人们的困惑和怀疑,带来一系列问题,探究正是始于这种不确定性,致力于通过实践获得知识来追求确定性,进而解决问题。杜威将探究过程解构为五个步骤:一是对不确定情境下感到的困惑和怀疑理智化,将其转化为亟待解决的问题;二是尝试运用既有经验形成概念来解释问题;三是设想问题解决办法;四是经过推理判断问题解决方法的合理性,对不合理的地方进行修正;五是对设想的问题解决方法进行公开的实验检验③。如果最后实验结果与理性推断的结果一致,就有理由相信问题解决方法是成功的、有效的。实验成功使人们恢复到一种没有问题、确定的状态,实验失败虽然无法让人回到确定性当中,但是可以使人们吸取经验教训,排除无效的问题解决方案,进入一种比初始混乱状态更有秩序的状态。

二、科学检验研究时期

早期实用主义哲学家有关实验的探讨,不仅丰富了实用主义理论体系,也促进了试验理念的萌发,对之后的政策试验研究产生了深远影响。20 世纪 60 年代,坎贝尔提出"社会试验"(social experimentation)的设想,开创性地将试验研究从"经验生产"拓展到"政策生产"领域,专注于在政策意义上探讨试验,发掘政策试验对于社会改革的意义。与杜威在认识论中强调实验方法对于社会改造的积极推动作用不同,坎贝尔更加注重在方法论中探讨如何优化政策试验的具体设计和运作,更好地服务于社会改革。这标志着政策试验研究进入科学检验方法讨论时期。

坎贝尔敏锐地注意到,当时大多数社会政策都是执政当局以假设和默认政策方案一定有效为前提直接制定出台的,决策系统一般不会真正对政策设计进行反思,忽视了从政策实施中汲取经验教训来改善政策安排,从长远来看降低了公共政策的适应性,无法持续优化政策方案推进社会改革④。对此,坎贝尔提出"社会改革的试验途径",主张现代国家有必要将以试验为核心的科学评估方法引入社会改革之中,在正式大规模推行一项社会改革之前,先在小范围内开展控制性试验,精准判断政策干预与结果之间的因果关系,理性全面地评估政策设计的实际效果,从中识别有效的政策方案,剔除效果不佳的政策规定⑤。从具体方法来看,坎贝尔认为随机对照实验是施行政策试验的黄金标准,但是他也清楚地认识到,在实验室之外复杂的社会环境中采用严格的随机控制手段开展试验是不现实的。他退而求其次地主张

---

① 詹姆斯·坎贝尔.理解杜威:自然与协作的智慧[M].杨柳新,译.北京:北京大学出版社,2010.
② 约翰·杜威.确定性的寻求:关于知行关系的研究[M].傅统先,译.上海:华东师范大学出版社,2019.
③ 罗伯特·B.塔利斯.杜威[M].彭国华,译.北京:清华大学出版社,2019.
④ CAMPBELL D T. Considering the case against experimental evaluations of social innovations [J]. Administrative Science Quarterly, 1970, 15(1):110-113.
⑤ CAMPBELL D T. Reforms as experiments[J]. American Psychologist, 1969(24):409-429.

通过准实验法尽可能准确地收集、分析数据,对政策干预措施的实际效果进行诚实的批判性评估,对于评估结果的讨论应当向任何有意参与的人开放,在沟通论证中改进公共政策的设计安排①。

坎贝尔的思想主张产生了广泛的现实影响,成为英国、美国等国在 20 世纪七八十年代大规模开展社会试验的理论依据。这些国家热衷于将政策试验作为一种重要评估手段,预先在小范围内观察、判断改革方案的实际效果,再根据试验结果进行决策。奥克利研究发现,在 20 世纪七八十年代的美国,随机对照实验被认为是评估公共政策干预的最佳设计,他使用该设计进行了大量事前的政策评估,实现了将随机对照实验应用于政策评估的爆发式增长②。有研究显示,仅在 1970 年至 1980 年间,美国政府就投资超过 5 亿美元开展社会试验,旨在提前评估潜在的税收政策、电价改革方案、健康保险计划、住房补贴政策等政策方案的有效性和可接受性,为政策决策提供事实证据,迎来了社会政策"评估的黄金时代"③。英国政府也广泛采用政策试验尤其是随机对照实验和准实验,对一些社会福利项目(如学龄前儿童日托项目)的效果进行科学评估,收集有关政策有效性的确切证据,为循证决策提供基础④。

随着试验实践快速发展,越来越多研究开始反思政策试验作为一种科学研究方法在社会改革中的实际效用。一派学者认为,政策试验是预先测试公共政策效果的有力工具,通过将背景相似的社会群体分为实验组和对照组,施加控制性政策干预,观察并比较结果的差异性,能够准确评估政策干预对结果的实际影响;相比之下,其他方法都难以做到如此精确地识别变量间的因果关系⑤。另一派学者对此持质疑态度,认为借用自然科学领域中的实验方法评估社会干预措施在科学性⑥、可行性⑦、应用性⑧等方面面临一系列问题和挑战。

三、试验治理研究时期

进入 20 世纪 90 年代以后,越来越多学者对政策试验作为一种科学检验方法提出反对和批评。与此同时,一批学者注意到政策试验对于现代国家治理具有积极意义,开始致力于发

---

① CAMPBELL D T. Social experimentation[M]. Thousand Oaks: Sage Publications, 1999.
② OAKLEY A. Public policy experimentation: lessons from America [J]. Policy Studies, 1998, 19(2): 93-114.
③ HAUSMAN J A, WISE D A. Social experimentation[M]. Chicago: University of Chicago Press, 1985.
④ OAKLEY A, STRANGE V, TOROYAN T, et al. Using random allocation to evaluate social interventions: three recent UK examples[J]. The Annals of the American Academy of Political and Social Science, 2003, 589(1): 170-189.
⑤ ANDERSON A B. Policy experiments: selected analytic issues [J]. Sociological Methods & Research, 1975, 4(1): 13-30.
⑥ HOWE K. A critique of experimentalism[J]. Qualitative Inquiry, 2004, 10(4): 42-61.
⑦ MORRISON K. Randomised controlled trials for evidence-based education: some problems in judging "what works"[J]. Evaluation and Research in Education, 2001, 15(2): 69-83.
⑧ GREENBERG D, ROBINS P K. The changing role of social experiments in policy analysis[J]. Journal of Policy Analysis and Management, 1986, 5(2): 340-362.

掘政策试验在现实治理中的潜力,政策试验研究进入治理路径探索时期。在这一时期,学者们侧重于在宏观治理意义上研究政策试验,初步形成了一些理论建构,具有代表性的有民主试验主义理论、试验主义治理理论、分级制试验理论。

民主试验主义(democratic experimentalism)理论看到了政策试验在发展协商民主治理方面的独特潜质,最早由多夫和萨贝尔提出。从理论渊源上看,民主试验主义理论的提出受到了杜威实用主义思想的启发和影响。萨贝尔指出,杜威虽然将试验从科学实验室扩展到民主实践领域,提倡将试验视为一种合作探究的形式,用于扩大民主参与,促进知识互动交流,解决集体共同面临的社会问题,但是并没有解释要如何通过制度化的方式来推进各方共同探究问题解决方案①。对此,民主试验主义解决了这一制度设计问题。多夫和萨贝尔结合美国的现实困境,强调现代国家事务过于复杂多变,仅仅依靠成文的法律、行政规则、司法判决难以做到有效治理,尤其是无法及时应对一些社会新问题、新挑战,要破解这一困境需要重新思考民主的实现形式②。他们认为民主试验主义是一种制度化的直接协商民主的可行路径,能够帮助行政国家在"复杂时代"适应不断变化的情况。在他们看来,民主试验主义的基本单位是享有真正决策权的地方公共论坛,在这些论坛上,政策相关群体都有机会表达观点、公开辩论、分享知识,通过协商达成具有集体约束力的政策决定,并投入试验实践中检验政策绩效。治理委员会作为协调机构,负责监管地方公共论坛,汇集各地试验信息,识别最佳实践并转化为共同绩效标准,供地方部门学习、改进治理绩效。治理委员会既可以是基层治理机构,也可以是国家一级的管理机构③。

之后,萨贝尔和泽特林将民主试验主义的思想应用于解释欧盟治理新实践,并通过总结和提炼提出试验主义治理(experimentalist governance)理论。他们强调试验是在战略不确定的情境下提升治理适应性和有效性的重要途径④。他们注意到,自20世纪90年代以来,欧盟在实践中探索形成了一种具有开放协调性质的新型治理模式,将其概括为试验主义治理,强调这种治理模式发生于多层级政府体系中,由欧盟机构以开放协调方式,将较低层级行动者纳入决策过程,通过共同制定框架性目标、低层级行动者试验创新、定期报告试验绩效并接受同行评估、共同修订框架性目标和绩效标准等机制,促使各级政府不断在实践中学习反思,持续优化政策方案,适应治理情境⑤。有研究者认为,试验主义治理在欧盟体系内兴起,是因为传统的共同体决策方法在应对复杂多样的现代政策问题时面临严峻挑战,欧盟机构的高层决

---

① SABEL C F. Dewey, democracy, and democratic experimentalism [J]. Contemporary Pragmatism, 2012, 9(2):35-55.

② DORF M C, SABEL C F. A constitution of democratic experimentalism[J]. Columbia Law Review, 1998, 98(2):267-473.

③ EBERLEIN B, KERWER D. New governance in the European Union:a theoretical perspective[J]. Journal of Common Market Studies, 2004, 42(1):121-142.

④ SABEL C F, ZEITLIN J. Learning from difference:the new architecture of experimentalist governance in the EU[J]. European Law Journal, 2008, 3(14):271-327.

⑤ 周昕宇,杨宏山.试验主义治理的制度逻辑与运作机制:来自欧盟的经验与启示[J].中共天津市委党校学报,2021(4):68-76.

策者受信息和知识局限,往往难以研究制定出行之有效的政策方案供成员国解决棘手问题。为化解社会政策领域的集体行动困境,提升治理的适应性,欧盟创新了这种更具灵活性的"软约束"模式,保障成员国的参与决策权,鼓励不同层级政府协商对话、协调立场,共同在试验实践中厘清问题、寻找可能的政策选项①。马蒂厄和兰戈尼指出,试验主义治理放弃了传统科层式治理中自上而下强制的命令与控制手段,是一种更少指令性、更多试验性和包容性的治理路径②。

韩博天在观察中国治理实践的基础上,提出了分级制试验(experimentation under hierarchy)理论③。他认为,在中国政治体制下,虽然地方政府是试验实施方,但是中央发挥重要的协调作用,他将这种中央干预与地方分散试点相结合的互动机制称为分级制试验。在他看来,分级制试验是在维持分级控制秩序的前提下,调动地方创造力的一种制度安排,中央政府在其中负责启动、指导、修正、终止试验程序,以及识别、推广地方典型经验,地方官员负责根据中央意图在管辖区域内结合当地实际情况探索新政策,定期向上级汇报试验进展和成果,多层级政府之间的持续互动是维持政策试验运作的核心机制。韩博天认为,正是在分级制试验的基础上渐进决策,中央政府成功将改革的政治阻力和风险降到最低,塑造了中国治理的创新精神,培养了强大的学习、适应能力④。

第二节 政策试验运作的研究取向

随着政策试验研究的推进,学者们为了更加直观地理解政策试验,从不同角度对试验运作进行了刻画,归纳起来形成了三种差异化的研究取向,分别是从过程视角解析政策试验的运作环节、从模式视角考察政策试验的运作样态、从功能视角分析政策试验的运作成效。过程视角是用线性思维对政策试验运作过程进行分解,认为政策试验是按照特定的时间阶段顺序发生的一套程序和操作;模式视角是遵循块状思维,总结不同情境下的政策试验类型,剖析并比较不同类型的试验模式中行动主体的互动方式;功能视角是从整体思维出发,讨论政策试验运作的实际效用。

一、过程视角的试验研究

阶段启发法是政策过程理论研究的重要分析工具之一,通过对政策生命周期进行阶段划分,区分政府在政策过程不同阶段的政策行为,分析各阶段具体进程的影响因素。阶段启发

---

① EBERLEIN B, KERWER D. New governance in the European Union: a theoretical perspective[J]. Journal of Common Market Studies, 2004, 42(1): 121-142.

② MATHIEU E, RANGONI B. Balancing experimentalist and hierarchical governance in European Union electricity and telecommunications regulation: a matter of degrees[J]. Regulation & Governance, 2019, 13(4): 577-592.

③ HEILMANN S. From local experiments to national policy: the origins of China's distinctive policy process[J]. The China Journal, 2008, 59: 1-30.

④ 韩博天.通过试验制定政策:中国独具特色的经验[J].当代中国史研究,2010(3):103-112.

框架简洁明了,是理解政策过程最有影响力的分析框架之一①。为了清晰刻画政策试验的运作规律和特征,部分学者致力于对政策试验的演进过程进行描述和阶段划分,剖析政策试验的构成要素,识别其中的关键环节。梳理来看,在过程视角下形成了两种理解试验运作的方式:一种是从理论出发经过演绎推导,在规范意义上讨论政策试验应当包括哪些运作环节;另一种是根据观察或调查获取的案例资料,刻画特定制度情境下政策试验的运作流程。

规范意义上的过程研究是将政策试验视为科学实验方法在公共政策领域的应用,认为应当参照科学实验方法实施政策试验。韦斯和伯克迈尔对试验流程进行分解,认为政策试验是由专业人员先从同一群体中选择样本,将其分为试验组和控制组,对试验组施加政策干预,再对试验组和对照组进行比较,分析随着时间推移由干预措施造成的组间差异,在此基础上估计政策效果②。斯托克和约翰认为,政策试验是设计与再设计的循环,首先是研究者设计政策干预,再在一个地点操纵干预,并在一段较长的时间内观察政策干预情况,直到出现可接受的结果,之后将结果反馈给一线官员和核心决策者,根据他们的意见调整政策干预的设计,开始新一轮试验③。刘军强等指出,社会实验包括动员与组织实验、随机分配实验对象、收集与分析资料等流程,借鉴社会实验的做法,政策试验先由专业人员组成试点单位遴选工作小组,根据政策目标梳理可能影响实施效果的因素,然后依据这些因素对所有单位进行类型划分,从每一类中选取一定数量的单位作为试点,之后组织这些试点单位同时开展试验,以便多角度对比分析试验状况,最后采用同行评审、受众参与等方式对各地试验效果进行评估④。

相比而言,实证意义上的过程研究更多地是对特定制度环境下政策试验的运作过程进行描述。埃特尔特等观察总结英国卫生和社会保障政策领域的三个试点项目,认为政策试验应始于在个别地区测试政策有效性,之后在全国范围内选择一些试点单位,优先试行经测试证实有效的政策,随后从全国试点中遴选试验效果最为显著的地区作为标杆发挥示范效应,向其他地区展示如何成功实施新政策,最后倡导其他地区向示范地区学习,推动新政策在全国范围内推广⑤。霍刻画了美国政策试验的运作流程:在试验设计阶段,政府官员邀请专家协商设定政策目标,委托专业团队根据目标设计具体的试验计划,部署试验工作;在试验实施阶段,专业人员遵循试验设计推进试验进展,并及时收集相关数据资料;在试验评估阶段,专家团队运用专业方法分析数据资料,科学评估政策效果及成本收益,以文本形式向决策者反馈

---

① 保罗·A. 萨巴蒂尔. 政策过程理论[M]. 彭宗超,钟开斌,译. 北京:生活·读书·新知三联书店,2004.

② WEISS C H, BIRCKMAYER J. Social experimentation for public policy[M]// BIRCKMAYER J, WEISS C H. The Oxford handbook of public policy. Oxford: Oxford University Press, 2008.

③ STOKER G, JOHN P. Design experiments: engaging policy makers in the search for evidence about what works[J]. Political Studies, 2009, 57(2): 356-373.

④ 刘军强,胡国鹏,李振. 试点与实验:社会实验法及其对试点机制的启示[J]. 政治学研究,2018(4): 103-116.

⑤ ETTELT S, MAYS N, ALLEN P. The multiple purposes of policy piloting and their consequences: three examples from national health and social care policy in England[J]. Journal of Social Policy, 2015, 44(2): 319-337.

评估结果①。黄秀兰作为国内较早关注政策试验的学者,在经验观察的基础上,总结出中国政策试验由试验方案设计、试点地区选择、试验方案执行、实施结果评估这四个环节构成②。韩博天进一步研究认为,中国政策试验不是盲目试错,而是在特定目标指导下统一协调的行动,包括设定政策目标、遴选试点单位、观察试验效果、推广政策选项等环节,每个环节都高度政治化,涉及利益竞争、意见分歧、政策妥协等③。

二、模式视角的试验研究

政策试验是面对复杂环境和不确定性的挑战,决策者鼓励基层官员、专家学者、利益相关者参与政策议程,在小范围内边学习边实践,共同探索问题解决方案的过程。一些研究者注意到,试验行动者的不同以及行动者之间互动方式的差异会影响政策试验运作样态,为了深化对政策试验的结构化、系统化认知,他们从不同行动者的互动方式出发对政策试验运作模式展开类型学分析。其中,互动包括政府系统内部跨层级的纵向互动以及政府系统内外部跨部门的横向互动两个方面。

一些学者关注政府系统内部跨层级的纵向互动,根据上下级政府互动形式的差异区分了多样化的政策试验模式。怀斯曼和欧文意识到在美国联邦体制下,联邦政府在政策试验中发挥的协调作用实际上比传统联邦制理论所假设的要强。他们以联邦政府参与试验的程度、试验设计的严谨程度为分类依据,根据这两个变量在低、中、高度上的差异,将美国政策试验划分为九种模式。他们研究发现在现实运作中,美国政策试验大多属于联邦政府中度干预(联邦政府与州政府共同参与)、试验设计严谨程度较低这一类型④。在中国制度情境下,大规模政策试验形成了哪些典型的运作模式一直以来也是学界讨论的热点议题。宁骚根据试验动议方的不同区分了三类试验模式:第一类是中央负责设计、组织的试验;第二类是中央默许在局部范围突破现行规制开展的试验;第三类是地方官员根据对高层决策者政治意图的理解自行在管辖范围内进行的试验⑤。朱旭峰和赵慧根据中央政府对政策目标和工具的规定情况,将政策试验区分为分级试验、比较试验、选择性认可和自适应协调四类模式⑥。杨宏山和李婷从中央政府介入度、地方政府学习意愿两个维度,提出政策试验的争先、自主、模仿、守成模式⑦。周望依据中央政府的推动力、地方政府的竞争力,区分了政策试验的指定、争取、追认、

---

① HO D E. Does peer review work: an experiment of experimentalism[J]. Stanford Law Review, 2017,69(1):1-120.
② 黄秀兰.论改革开放进程中的政策试验[J].探索,2000(3):66-69.
③ HEILMANN S.中国经济腾飞中的分级制政策试验[J].开放时代,2008(5):31-51.
④ WISEMAN H J, OWEN D. Federal laboratories of democracy[J]. U. C. Davis Law Review, 2018,52(2):1119-1192.
⑤ 宁骚.政策试验的制度因素:中西比较的视角[J].新视野,2014(2):27-33.
⑥ ZHU X F, ZHAO H. Experimentalist governance with interactive central-local relations: making new pension policies in China[J]. Policy Studies Journal,2021,49(1):13-36.
⑦ 杨宏山,李婷.政策创新争先模式的府际学习机制[J].公共管理学报,2019,16(2):1-14.

自发模式①。

　　还有一些学者跳出了政府系统内部的观察视角,从政府系统内外部跨部门的横向互动的角度考察试验运作状况,区分政策试验模式。这类研究的前提假设是,被用于应对未来不确定性的政策试验仅仅依靠政府一方通常难以开展,它是多方合作推进的结果。麦克法根和惠特马根据试验组织者设计的制度规则的不同,区分出三类政策试验,即技术官僚型试验、边界型试验和倡导型试验②。弗雷格登希尔和劳尔特认为在不同情境下,政策试验发起者的动机和目的有所不同,按照试验发起人的意图可将政策试验分为研究型试验、管理型试验和政治-企业家型试验③。陈昭在观察中国国家治理实践的基础上,发现改革开放以来政策试验的运作形式非常多样,提出政策试验在经典的"试点-推广"模式之外,还存在一种"众创"试验,它适用于时间压力大、复杂程度高、地方情境差异大的政策议题,以权力适度共享为前提,以解决特定政策问题为导向,是政府内外部多元行动主体通过持续行动、反馈、学习和优化,协同进行知识生产和更新的开放式试验策略④。

三、功能视角的试验研究

　　相较于过程视角的试验研究和模式视角的试验研究,功能视角的试验研究是政策试验的另一重要研究路径。研究者主要关注政策试验对于政策系统具有怎样的积极影响。在这类研究中,学者们普遍认为政策试验具有两个方面的积极效用:一方面是有助于促进政策学习,强调从实践中学习、积累经验是组织实施试验的重要追求;另一方面是在根本上有助于推进政策变革,加快新政策的应用和推广。

　　在一个充满棘手问题的时代,各式各样的学习可以增强决策系统的判断力,更好地应对各类问题的挑战,而政策试验恰好为学习提供了场域和机会,吸引了学者们的关注。20世纪60年代,有学者提出政策试验具有改进政策制定实践、产生科学知识、建立实施新政策方法等积极作用。对此,帕森斯认为这三个方面的作用在本质上都是试验可以带动一定程度的学习,随后将学习所得转化为政策实践⑤。近年来,一些学者围绕政策试验是如何带动学习的、会带动哪些类型的学习,以及如何改进试验设计进一步促进学习等议题展开了更为详尽深入的研究。安塞尔和巴滕伯格强调政策试验的核心意图是学习,既可以增进认知学习,也可以

---

① 周望.如何"先行先试"?:央地互动视角下的政策试点启动机制[J].北京行政学院学报,2013(5):20-24.

② MCFADGEN B, HUITEMA D. Experimentation at the interface of science and policy: a multi-case analysis of how policy experiments influence political decision-makers[J]. Policy Sciences, 2018, 51(2): 161-187.

③ VREUGDENHIL H, RAULT P K. Pilot projects for evidence-based policy-making: three pilot projects in the Rhine Basin[J]. German Policy Studies, 2010, 6(2): 115-151.

④ 陈昭."众创"试验:理解中国政策创新的新视角:基于干部容错纠错机制演化的案例研究[J].公共行政评论,2022,15(1):127-147.

⑤ PARSONS W. Public policy: an introduction to the theory and practice of policy analysis[M]. Cheltenham: Edward Elgar, 1995.

促进政治学习①。麦克法根和惠特马区分了三种政策学习,认为不同类型的试验设计会产生不同的学习效应:技术官僚型试验在推动认知学习方面更具优势,有助于获取更多与政策相关的科学知识;边界型试验相较于技术官僚型试验和倡导型试验在关系学习和规范学习上表现更佳,能够在试验参与者之间增加信任、建立合作关系;倡导型试验也能在一定程度上满足认知学习和规范学习的期望,但是在关系学习上效果不佳②。马托克斯通过对加拿大文化政策中的试验项目进行案例分析证实,政策试验确实会促进认知学习、规范学习和关系学习,要确保持续学习还需要得到更多自下而上的支持、适当的资源投入和制度化建设③。

政策试验一直以来也被中国学者视作"边做边学""摸着石头过河"的具体表现方式,旨在从实践中获取经验教训,增进对新环境和新政策的理解。王绍光注意到系统性试验是中国国家治理重要的学习路径,利用各种形式的试验可以提前识别哪些政策选项是可行的,哪些是不可行的,从成功的试验中可以学习有益经验,确定恰适的政策安排,从失败的试验中也可以吸取教训,及时避开错误的政策选择,以此来应对种种复杂局面和未知环境④。杨宏山和李娉研究发现,政策试验在自上而下的权威调控下鼓励试点地区围绕特定政策议题开展专题学习,尝试探索新的政策方案,将政策创新落到实处,待试验取得成效后,中央政府又会通过纵向府际学习网络吸纳有益的地方试验经验,在更大范围推进政策创新⑤。

还有学者注重研究政策试验对政策决策和变革的根本性影响。其中,一部分学者从科学证据的角度主张政策试验为循证决策提供了必要的信息和知识,提高了决策的科学性和可信度;也有一部分学者从政治影响的角度认为政策试验是决策者软化政策分歧、增进改革共识的策略选择,提高了政策制定和变革创新的合法性。格林伯格等认为,政策试验将科学与政策世界联系起来,通过科学评估政策效果产生高质量的证据,对政策决策产生有意义的影响⑥。约翰也强调政策试验能够刺激有价值的信息生成,深化决策者对政策方案的认知⑦。斯托克进一步指出,在政策世界中,权力、政治与证据一起发挥作用,政策试验能够为因果推

---

① ANSELL C K, BARTENBERGER M. Varieties of experimentalism[J]. Ecological Economics, 2016, 130: 64-73.

② MCFADGEN B, HUITEMA D. Are all experiments created equal? A framework for analysis of the learning potential of policy experiments in environmental governance[J]. Journal of Environmental Planning and Management, 2017, 60(10): 1765-1784.

③ MATTOCKS K. Policy experimentation and policy learning in Canadian cultural policy[J]. Policy Sciences, 2021, 54(4): 891-909.

④ 王绍光.学习机制与适应能力:中国农村合作医疗体制变迁的启示[J].中国社会科学,2008(6):111-133.

⑤ 杨宏山,李娉.政策创新争先模式的府际学习机制[J].公共管理学报,2019,16(2):1-14.

⑥ GREENBERG D, LINKSZ D, MANDELL M. Social experimentation and public policy making[M]. Washington: The Urban Institute Press, 2003.

⑦ JOHN P. Experimentation, behaviour change and public policy[J]. The Political Quarterly, 2013, 84(2): 238-246.

理提供一个可靠的基础,产生政策干预是否会起作用的证据,成为政策制定的依据①。还有研究者发现,实践中很多政策试验并不是为了评估判断政策选项是否有效,而是旨在生产证实政策有效的证据,支持决策者先前作出的政策承诺,推动政策变革。换言之,决策者只有在试验证据支持政治驱动的优先事项时,才会使用证据②。桑德森指出,虽然一直以来试验的目的被认为是为决策提供证据基础,但是实际上执政党最感兴趣的是通过试验展示他们青睐的新政策有效,而不是公开测试很多新的政策想法③。

第三节　政策试验行动的逻辑解释

在对政策试验运作进行多维度刻画的基础上,一些学者为了进一步把握政策试验的本质特征,尝试对试验背后的行动逻辑展开研究。梳理来看,现有研究对政策试验的行动逻辑形成了三种竞争性解释,分别主张政策试验是遵循演绎逻辑的控制性试验、内嵌溯因逻辑的生成性试验以及符合归纳逻辑的进化学习试验(表2-1)。

表 2-1　政策试验三种行动逻辑的比较

行动逻辑	试验运作	核心特征	相对优势
演绎逻辑	控制性试验	提出试验假设、评估政策效果	试验结果可信度高
溯因逻辑	生成性试验	收集试验反馈、动态改进方案	试验方案灵活性强
归纳逻辑	进化学习试验	多点平行试验、总结成功经验	知识生产效率高

一、演绎逻辑与控制性试验

演绎逻辑的支持者认为,政策试验的核心是假设检验,它遵循演绎推理方法,先从现有的理论知识中演绎出待检验的政策假设,对政策干预与结果之间的因果关系作出预判,再在小范围内实施控制性试验,收集并分析科学数据,根据分析结果证实或证伪假设,从中学习有关一项特定政策措施有效性的新知识,深化政策认知。从演绎逻辑视角来看,政策试验是改进

---

① STOKER G. Translating experiments into policy[J]. The Annals of the American Academy of Political and Social Science, 2010, 628(1): 47-58.

② ETTELT S, MAYS N, ALLEN P. Policy experiments: investigating effectiveness or confirming direction? [J]. Evaluation, 2015, 21(3): 292-307.

③ SANDERSON I. Evaluation, policy learning and evidence-based policy making [J]. Public Administration. 2002, 80(1): 1-22.

决策的重要途径,它在初步形成政策新想法的情况下,通过科学方法获取可靠证据,评估政策有效性,之后根据评估结果决定接受推广、优化完善或否定搁置政策新想法,使公共决策更加科学化。

詹森系统地研究了试验方法在评估政策项目绩效方面的有用性,指出政策试验在确定特定政策干预的有效性方面普遍模仿了医学和科学领域所采用的方法,能够通过演绎逻辑和统计推断满足循证决策的需要,制定和实施更好的公共政策[①]。福伊等提出,控制性试验具有较高的科学性和专业性,它需要向专业人员授权负责组织实施,先形成基本政策假设,再严格控制试验环境,以此尽量摆脱政府官员的干扰,保证试验过程的独立性,产出更加客观公正的证据知识,进而对先前的政策假设进行判断,为政策决策提供依据[②]。曼斯基也认为,政策试验是借鉴经验证据改进社会决策的一种努力,侧重于演绎知识的生成,为了确保试验结果的可信度,应当提出合理的假设,设计和执行更好的试验,评估政策干预是否能够实现预期效果[③]。奥克利是控制性试验的忠实拥护者,他提出"社会随机控制试验"这一概念,认为使用随机分配法产生无偏对照组,有助于控制其他因素的干扰,确保观察到的实验组与对照组之间的差异能够可靠地归因于政策干预措施,这使得相比其他方法,随机控制试验法在精准辨别政策干预效果方面更具显著优势,能够对最初提出的假设作出更准确的判断[④]。

二、溯因逻辑与生成性试验

溯因逻辑的支持者更多地将政策试验与创新、设计联系在一起,认为政策试验是探寻问题解决方案的一种新颖尝试。所谓溯因逻辑是在观察到一个新现象,无法用现有知识理解或解释时,尝试反推其原因,发挥创造力生成可能解释这一现象的猜想,再在理论与实践之间的反复"对话"中,不断对猜想进行检验、评估和改进,最终获得恰当的解释[⑤]。溯因逻辑的试验论者所理解的政策试验是针对实际问题,通过溯因推理寻找解决问题的新思路,基于持续反馈,生成并反复修正、优化解决方案的过程,旨在制定优质的政策方案。

邓恩指出,政策试验就是一个针对特定政策问题猜想、设计问题解决方案,根据实践反馈持续修订、完善方案的迭代过程,是一种自我意识的不断探索,其最终目的不是检验一般理论,而是探究一项新的政策干预的可能性和局限性[⑥]。斯托克和约翰认为"设计试验"具有这

---

① JENSEN P H. Experiments and evaluation of public policies: methods, implementation, and challenges[J]. Australian Journal of Public Administration, 2020, 79(2): 259-268.

② FOY R, LOCOCK L, PURDY S, et al. Research shapes policy: but the dynamics are subtle[J]. Public Money & Management, 2013, 33(1): 9-14.

③ MANSKI C F. Learning about treatment effects from experiments with random assignment of treatments[J]. Journal of Human Resources, 1996, 31(4): 709-733.

④ OAKLEY A. Experimentation and social interventions: a forgotten but important history[J]. British Medical Journal Publishing Group, 1998, 317(7167): 1239-1242.

⑤ SÆTRE A S, VAN DE VEN A. Generating theory by abduction[J]. The Academy of Management Review, 2021, 46(4): 684-701.

⑥ DUNN W N. Reforms as arguments[J]. Knowledge: Creation, Diffusion, Utilization, 1982, 3(3): 293-326.

一特点,是基于实践反馈在一系列设计、重新设计的循环过程中得到可接受的政策方案,其目的不是辨别因果关系,而是设计出成功的政策干预措施①。有研究者进一步提出,政策试验不同于实验室中专家主导的自然科学实验,它是在日常社会环境中由政府官员、社会公众、专家学者等不同群体为解决特定问题共同生产知识,尝试生成新的政策方案,并在协商共议的基础上持续对政策目标和具体政策内容进行周期性修订,及时适应现实世界中由未知风险导致的不可避免的不确定性②。布朗和维格拉特提出"边界社会技术试验"的概念,认为试验作为一种生成学习策略,是政府官员、技术专家、企业家、非政府组织代表等各种参与者组成联盟,在实践中不断尝试新的技术方案,同时在互动中持续交流经验和知识,及时发现问题并纠正方案思路,以动态更新的方式实现技术安排的可持续发展③。也有学者研究发现,溯因逻辑下的生成性试验虽然在促进政策学习、加快政策创新、适应环境变化方面有诸多优势,但是也存在明显的局限性。它是在不断与现实环境的交互中迭代推进的,具有显著的地方情境性特征,受具体情境限制试验成果的可复制性和可推广性相对较低④。

三、归纳逻辑与进化学习试验

归纳逻辑的支持者认为,政策试验更多地是采用归纳推理而不是演绎推理的方法运作。所谓归纳推理,在认识论上源自洛克的经验主义,主张先验知识是不存在的,世间万物都是固有的客观存在,知识的唯一来源是感觉形成的经验,将众多个别感觉经验总结归纳起来是获取知识的有效途径⑤。在此意义上,归纳逻辑的支持者认为政策试验具有进化学习性质,相信成功的政策创新是从大量经验中产生的,而不是根据现有理论演绎推导、理性设计得到的,主张多地同时开展试验探索,增加政策创新的频率,提高新颖的想法和有效的政策措施出现的可能性,进而以这些差异化的经验事实为前提条件,归纳得到一般性知识结论,服务于新政策文本的制定。

埃勒曼指出,进化过程依赖于两大潜在机制,即变异机制(扩展选项)和选择机制(选定并缩小选项),在高度不确定情境下,难以事先确定政策选项、设计政策原型,就需要在进化过程中学习,先围绕共同目标组织大规模竞争性的平行试验,创新差异化的政策选项,增加政策变

---

① STOKER G, JOHN P. Design experiments: engaging policy makers in the search for evidence about what works[J]. Political Studies, 2009, 57(2): 356-373.

② DAVID M, GROSS M. Futurizing politics and the sustainability of real-world experiments: what role for innovation and exnovation in the German energy transition? [J]. Sustainability Science, 2019, 14(4): 991-1000.

③ BROWN H S, VERGRAGT P J. Bounded socio-technical experiments as agents of systemic change: the case of a zero-energy residential building[J]. Technological Forecasting and Social Change, 2008, 75(1): 107-130.

④ VREUGDENHIL H, SLINGER J, THISSEN W, et al. Pilot projects in water management[J]. Ecology and Society, 2010, 15(3): 299-305.

⑤ 白胜.国外管理理论建构研究述评:三种逻辑推理的视角[J].科技进步与对策,2017,34(4):115-121.

异的可能性,再对不同试验结果进行交流和比较,从中筛选出最佳实践,作为政策学习的"标杆"①。萨维尼和贝托里尼则认为变异、选择和保留是进化过程的三个基本环节,他们从进化的角度提出,政策试验是一个有组织的创新行动,决策者先确立新的规范性想法,规划政策变革愿景,再调动特定资源培育实地试验创新,通过忽视和边缘化使一些不甚满意的地方试验失去生命力,保留一些满意的创新实践,为这些实践提供政治认可,使它们具有推动预期社会变革的活力②。中国政策试验研究普遍支持归纳逻辑,认为广泛的地方试验为国家政策制定提供了灵感和智力支持。韩博天指出,分散化试验对于中国改革具有重要意义,中央决策者在确定基本的改革方向后,鼓励地方探索改革方案,取得成效后再在更大范围内推广,最后总结地方典型经验纳入国家政策制定之中③。石晋昕和杨宏山注意到,虽然地方试验是国家制度创新的重要学习来源,但是只有契合中央关切、取得良好绩效的试验经验才能转化为国家政策,在更大规模上得到推广④。

第四节 已有研究的评价与本书的研究旨趣

综上,经过学者们的共同努力,政策试验研究积累了丰硕的成果,已有研究既从不同角度对试验运作进行了刻画,突出了不同情境下政策试验的运作特点,也对试验内在的行动逻辑进行了深入剖析,为认识政策试验的行动规律提供了理论支撑,对本研究具有启发意义。然而,已有研究也存在局限性,为本研究的开展提供了空间。

一、已有研究的贡献

纵观国内外政策试验研究可以发现,经过一百多年的发展,学者们为政策试验提供了多样化的解释,展现了试验丰富的运作样态和功能取向,揭示了试验背后差异化的行动逻辑。这些研究的知识积累对于解答本研究的核心议题,主要有以下几方面的贡献。

第一,建构了多样化的理论框架,为政策试验研究奠定了扎实的理论基础。随着政策试验研究的深化,学者们建构了一些有影响力的理论模型,具有代表性的有民主试验主义理论、试验主义治理理论、分级制试验理论等。这些理论模型有着不同的侧重点,为政策试验的内在机理和运作特征提供抽象化的解释,极大地提升了学界对于政策试验的理论认知水平,提高了政策试验研究在公共政策领域的关注度,也为本研究的开展提供了坚实的理论支撑。

第二,拓宽了政策试验的概念内涵,为从不同角度理解政策试验提供可能。在试验研究的早期阶段,以坎贝尔为代表的学者大多将政策试验视为自然科学领域的实验方法在社

---

① ELLERMAN D P. Parallel experimentation and the problem of variation [J]. Knowledge, Technology & Policy, 2004, 16(4): 77-90.
② SAVINI F, BERTOLINI L. Urban experimentation as a politics of niches[J]. Environment and Planning A: Economy and Space, 2019, 51(4): 831-848.
③ HEILMANN S. 中国经济腾飞中的分级制政策试验[J]. 开放时代, 2008(5): 31-51.
④ 石晋昕, 杨宏山. 政策创新的"试验-认可"分析框架:基于央地关系视角的多案例研究[J]. 中国行政管理, 2019(5): 84-89.

改革实践中的应用,在微观层面主张参照科学标准严格设计并实施社会试验,评估政策效果,为政策决策提供实质性证据。之后,随着一些研究者注意到政策试验的治理潜力,对政策试验的内涵和外延进行了拓展,认为试验不仅仅是用于政策评估的工具性方法,还是一种宏观制度安排,通过在不同层级政府、多元政策行动者之间建立专题学习网络,加快新经验、新知识的生产,促进政策创新甚至制度转型,适应政策环境变化。本研究主要在后者更为宽泛的意义上理解政策试验,探讨试验是如何在各种不确定情境下促进知识生产、满足知识需求、驱动政策创新的。

第三,多维度刻画了政策试验运作,展现出政策试验运作样态的多样性。过程视角的试验研究表明,不论在理论应然性上还是在现实实践中,政策试验都不存在固定的标准运作流程,而是具有多样化的发生过程,能够根据需要灵活调整要素的组合和各环节的运作顺序。模式视角的各种类型学框架揭示了丰富的试验运作形式,在不同情境下试验的参与主体和互动方式有所不同,形成了差异化的组织模式。功能视角的研究则表明政策试验具有多重功能,可根据不同需要发挥相应的功能作用。这些研究分别从不同侧面表明政策试验运作是多样的,要想更加立体地刻画政策试验的运作样态,需要将这些维度相结合建构更具综合性的理论分析框架,这为本研究提供了启发。本研究将以这三个维度为抓手,区分差异化的议题情境下政策试验的组织模式,分别剖析每类模式的运作过程及功能效用,解释面对不确定性,政策试验是如何灵活促进知识生产的。

第四,识别了政策试验的三种行动逻辑,从更深层次把握了试验的发生规律。一些研究者为了突破表象抓住本质,尝试总结提炼政策试验背后的行动逻辑,形成了三种竞争性的理论解释。演绎逻辑的支持者认为政策试验是改进决策的有效路径,需要先提出待检验的政策假设,再严格实施控制性试验收集证据,根据证据分析结果检验假设,推断政策干预与结果之间的因果关系。溯因逻辑的支持者则认为政策试验不是为了循证决策,而是在实践中迭代创新,持续探寻、学习并优化特定政策问题的解决方案。归纳逻辑的支持者则主张政策试验既不是检验政策假设的过程,也不是推进迭代学习的过程,而是遵循归纳推理方法,从大量平行的地方创新中识别成功经验并吸纳到政策制定中的过程。这三种差异化的逻辑解释反映出政策试验背后不止一种发生逻辑,单一逻辑的讨论可能不足以解释复杂的政策试验行动。本研究将尝试在继承已有知识积累的基础上,考察这三种行动逻辑之间的内在联系,以及各种逻辑与组织模式之间的关系,提出更具解释力的分析框架。

二、已有研究的局限

学界现有研究增进了对政策试验的认知,在学理上揭示了政策试验的基本内涵、运作过程、类型模式、功能效用以及背后的行动逻辑,构建了多样化的理论模型和分析框架,提出了一些值得关注的议题,如政策学习、协商民主、改革创新、适应性治理等,为本研究提供了开阔的视野,积累了丰富的文献资料。同时,已有研究也存在一定的局限性。

首先,对议题不确定性与政策试验之间的内在关系研究较少。学界已经注意到不确定性是政策试验的背景条件,强调政策制定所处的环境始终处于变化之中,政策议题的未来发展趋势往往难以预测,政策试验是应对和处理不确定性的有效途径,能够帮助决策者灵活适应环境变化、控制决策风险。然而,现有研究对政策试验究竟是如何有效应对不确定性的这一关键问题,尚未提出系统的解释。议题不确定性与政策试验之间是什么关系?议题不确定性可区分为哪些类型?面对不同类型的不确定性,政策试验分别有哪些行动主体?遵循什么逻辑?采取何种模式予以应对?对于有关议题不确定性的这些问题,政策试验既有文献关注较少,相关研究还有待进一步深化。

其次,对于政策试验的知识生产功能有待进一步拓展研究。梳理已有文献可以看到,一些学者虽然强调政策试验能够促进新知识的生成、增进政策认知,但是有关知识生产的讨论呈碎片化状态,专门对政策试验的知识生产功能展开研究的文献较少。在政策试验的功能效用研究中,学者们认为政策试验具有学习意图,能够为政策决策提供新信息和知识,推动政策创新和制度变革。由此可见,政策试验在本质上是生产和学习新的政策知识的有目的的活动,知识生产作为政策试验的一项重要功能具有研究价值。那么,政策试验是如何促进知识生产的?有哪些政策行动主体参与政策试验中的知识生产活动?政策试验在不同政策行动者之间形成了怎样的政策学习和知识交换网络?已有文献尚未对此展开深入讨论。

最后,已有文献对政策试验不同模式的动态演化讨论较少。通过文献梳理可以发现,模式分析是既有研究的重要组成部分,研究者们识别了多样化的试验运作模式,但是大多是从政府间互动出发,对试验模式进行类型学分析,并且基本上是静态刻画不同类型的试验模式,对不同模式之间的关系和动态演化规律讨论得还相对较少。不同试验模式之间存在怎样的内在联系?当外部政策环境发生变化时,试验模式会相应作出什么调整?不同试验模式之间发生转化时,背后的行动逻辑存在怎样的变化?这些问题还有待进一步探究。

三、本书的研究旨趣

基于上述分析可以看到,政策试验的构成十分复杂,它在不同议题情境下有不同的行动主体参与,表现为不同的运作样态,背后存在多样化的行动逻辑,要想更加全面深入地理解政策试验,更加细致地刻画政策试验的运作规律和行动轨迹,需要吸收已有文献积累的宝贵知识,克服上述局限性,构建政策试验的整合性分析框架。基于此,本书将聚焦于以下几个方面展开研究。

第一,讨论议题不确定情境下政策试验的组织模式。已有研究虽然注意到了不确定性是开展政策试验的重要背景条件,但是对议题不确定性与政策试验之间关系的研究尚显薄弱。有研究者指出,在不确定情境下行动者才需要学习他们的目标是什么以及如何实现目标,如果决策者能够单独确定未来战略规划,将不再需要试验行动,可见不确定性是开展政策试验的必要前提条件①。本研究对议题不确定性类型进行划分,分析在不同类型的不确定性下相应的试验组织模式,探讨这些模式的运作特征、行动主体及行动逻辑。

第二,聚焦于政策试验中的知识生产展开研究。政策试验具有重要的知识生产功能,它不同于实验室环境下的自然实验,不仅涉及事实要素,还涉及价值判断,需要集合官员、专家、

---

① SABEL C F, ZEITLIN J. Learning from difference: the new architecture of experimentalist governance in the EU[J]. European Law Journal, 2008, 3(14): 271-327.

利益相关者等多方智慧生产各类知识,增进政策认知,应对不确定性的挑战。本研究聚焦于政策试验的知识生产功能,重点回答以下问题:面对议题不确定性,政策试验是如何促进知识生产的?在差异化的议题不确定情境下,政策试验如何调整组织模式来更好地发挥知识生产功能?政策试验中的多元行动主体分别扮演什么角色、承担什么任务?多元行动主体如何构建学习网络增进互动交流、加快知识生产?通过回答以上问题,不仅可以为政策试验的知识生产功能提供理论解释,也可以为改进试验设计、增进不同行动主体间持续互动合作、提高知识生产效率提出现实建议。

第三,将不同试验模式纳入统一的分析框架展开研究。现有政策试验模式研究更多的是静态讨论试验存在多样化的运作模式,对不同模式之间的内在关联性和动态演化规律关注较少。然而在真实世界中,面对一项高度复杂、不确定的政策议题,决策系统仅仅依赖于一项试验往往难以彻底解决问题,通常需要分批次组织一套相互配合的试验项目生产所需知识、促进政策创新,例如中国医药卫生体制改革试验,在此过程中决策者会根据实际需要灵活调整政策试验的行动逻辑,采取不同类型的试验模式。对此,本研究尝试打破不同试验模式之间的壁垒,探究针对同一政策议题,在议题发展的不同阶段,试验模式的动态转化情况。

第三章　组织模式与知识生产：政策试验的整合性框架

政策试验是政策行动者面对一项议题，提前在小范围内组织学习探索活动，促进新知识生产，整合应用新知识，进而增进政策认知、降低不确定性、创新政策方案的一种制度安排。本书关注不确定情境下政策试验的组织模式，重点探讨在议题不确定情境下政策试验是如何通过多样化的组织模式促进知识生产，满足决策系统的知识需求，进而驱动政策创新的。为解释这一核心问题，本研究将在区分议题不确定性类型的基础上，构建政策试验的"组织模式与知识生产"分析框架，识别在不同类型的不确定情境下差异化的试验模式，解析每种模式的运作过程和知识生产效用，并进一步考察随着议题不确定性类型变化政策试验组织模式的动态转化规律。

第一节　议题不确定性：理解政策试验的新视角

当今世界，百年未有之大变局正在加速演进，政策环境日趋复杂，政策问题及后果的不稳定性更加突出。如何适应各方面变动，在不可避免的不确定情境下作出有效决策，成为现代国家治理面临的重大理论和实践命题。在当前复杂多变的政策环境下，追求确定性应当被接受不确定性所取代，政策分析和制定应该将应对不确定性纳入考虑，而不是将政策规划建立在确定或者似乎确定的基础上。其中，确定性表明事物具有有序性、统一性和必然性，可以从两个方面来理解：一方面是事物本身及其存在过程是客观的、稳定的，事物发展具有确定的规律；另一方面是事物的本质和规律能够被人们精确地认识和掌握。相比而言，不确定性则是指事物本身具有变化性、模糊性，并且由于人们掌握的信息和知识有限，事物的发展规律无法被人们准确地观察和预测[①]。政策试验具有试错性和可逆性特征，能够针对特定议题在现有政策系统之外探索新的政策方案，逐步积累有关新政策的信息和知识，提高政策预测能力，被视为应对不确定性的有效工具。本研究从议题不确定性视角出发，考察政策试验是如何通过不同组织模式促进知识生产、成功应对不确定性的。

---

① 埃德加·莫兰.复杂性理论与教育问题[M].陈一壮,译.北京:北京大学出版社,2004.

一、议题不确定性的概念界定

政策议题内嵌的不确定性使决策者预测未来政策状态和发展趋势变得困难,对政策决策提出了挑战,构成政策制定的重要情境要素,也是政策试验的关键背景条件。20 世纪 20 年代,奈特正式提出"不确定性"概念,开启了对不确定性进行理论研究的先河①。在他看来,不确定性是无法被预见和衡量、不可计算结果发生概率的风险。在这个意义上,不确定性表明决策者凭借现有的认知水平既无法准确定义政策目标和实现目标的政策选项,也无法依靠假设、模型、情景模拟等科学方法有效预估未来的政策环境和政策实施的后果。

在奈特之后,越来越多研究者关注不确定性。周雪光提出,不确定性指信息缺乏导致的困难,通过增加和补充信息可以有效处理这种不确定性②。邓洛普研究不确定性对政策学习的影响,将政策不确定性理解为决策者没有办法找到政策问题的解决方案③。也有学者认为,不确定性在广义上可以被简单地定义为知识缺失④。聚焦于政策制定中,不确定性是指决策者的可用知识与做出最佳政策选择所需知识之间的差距,差距越大表明不确定性程度越高。奈尔和豪利特强调,政策不确定性是指决策者在处理不完善的信息和知识时遇到的问题与局限,以及由此导致的经常无法准确预测未来⑤。兰戈尼和泽特林认为,不确定性状态意味着对于一项政策议题,关键决策者缺乏必要的知识积累,既无法事先确定确切的政策目标,也不清楚如何更好地实现这些目标⑥。

在继承既有研究的基础上,本研究将议题不确定性定义为政策行动者受现有知识积累影响,对于一项政策议题的发展趋势及后果的不可预知程度,构成政策试验所面临的具体议题情境。针对一项高度不确定的政策议题,决策系统缺乏必要的知识积累,对未来政策方向和政策安排的认知处于一种迷惑、模糊、混乱状态。随着知识积累的增加,决策者的政策认知逐渐清晰化、结构化、系统化,政策议题未来状态的可预测性增加,议题不确定性就会得到弱化和缓解。

二、议题不确定性的类型划分

政策决策者需要不断针对当前和未来情况制定公共政策,却往往对这些情况了解不全面

---

① KNIGHT F H. Risk, uncertainty and profit[M]. Chicago: University of Chicago Press, 1921.
② 周雪光. 组织社会学十讲[M]. 北京:社会科学文献出版社,2003.
③ DUNLOP C A. The lessons of policy learning: types, triggers, hindrances and pathologies[J]. Policy & Politics, 2018, 46(2): 255-272.
④ WALKER W E, MARCHAU V A W J, SWANSON D. Addressing deep uncertainty using adaptive policies: introduction to section 2[J]. Technological Forecasting & Social Change, 2010, 77(6): 917-923.
⑤ NAIR S, HOWLETT M. Policy myopia as a source of policy failure: adaptation and policy learning under deep uncertainty[J]. Policy and Politics, 2017, 45(1): 103-118.
⑥ RANGONI B, ZEITLIN J. Is experimentalist governance self-limiting or self-reinforcing? Strategic uncertainty and recursive rulemaking in European Union electricity regulation[J]. Regulation & Governance, 2021, 15(3): 822-839.

或知之甚少，面临着各种不确定性。理解和接受议题不确定性不仅可以在理论上深化对政策试验情境的认知，还可以在实践中使决策者认识到灵活调整决策方式和政策安排的重要性。有研究者总结认为，可以从三个维度认识和理解不确定性：一是不确定性的定位（the location of uncertainty），即不确定性涉及政策议题结构的哪些方面；二是不确定性的水平（the level of uncertainty），须根据决策者的政策认知情况判断；三是不确定性的性质（the nature of uncertainty），即不确定性是由何种原因造成的，以及具有哪些特征①。

哈多恩等指出，从不确定性的定位来看，政策不确定性涉及选项不确定性、结果不确定性和价值不确定性。选项不确定性是指决策者有关政策选项的信息是不完整的，没有充分了解为解决特定政策问题所有可能的政策选项；结果不确定性是指决策者不清楚政策选项的某个结果出现的可能性有多大；价值不确定性则是指决策者难以预估政策干预最终将产生的价值②。

就议题不确定性的水平而言，沃克等区分了两个极端级别的不确定性和四个中间水平。具体而言，不确定性谱系的两个极端分别是确定性和完全无知。确定性是精确地知道一切的理想情况，完全无知是决策各方对政策问题一无所知，它们在光谱的两端发挥限制作用。中间的一级不确定性是指无法准确但可以在一定区间内大致预测政策问题及发展趋势，提出解决方案；二级不确定性是可以通过统计手段估计政策选项及其各种结果出现的概率；三级不确定性是无法依靠科学手段预判政策目标、选项、结果及其相互之间的关系和机制，属于深度不确定性的范畴；四级不确定性是最深层次的，它与塔勒布提出的"黑天鹅"事件具有相似特征，是指政策问题超出常规预期范围，具有极端影响，并且只有在事后通过回溯分析才能予以解释，不具有前瞻性和可预测性③。

在议题不确定性的性质方面，维尼曼注意到两种不同性质的不确定性：一种不确定性是由所观察现象的内在可变性造成的，决策系统缺乏适应各种变化理解现象的必要知识，政策认知有限，这种被称为认知不确定性；另一种是政策问题所涉及的多元行动者之间存在差异化的观点、诉求和主张，各方无法就政策问题达成共识，政策问题表现出无序、模糊等特征，这种被称为规范不确定性④。也有研究者指出，不确定性主要来源于三个方面：一是政策问题

---

① MOSADEGHI R, WARNKEN J, TOMLINSON R, et al. Uncertainty analysis in the application of multi-criteria decision-making methods in Australian strategic environmental decisions [J]. Journal of Environmental Planning and Management, 2013, 56(8): 1097-1124.

② HADORN G H, BRUN G, SOLIVA C R, et al. Decision strategies for policy decisions under uncertainties: the case of mitigation measures addressing methane emissions from ruminants [J]. Environmental Science and Policy, 2015, 52: 110-119.

③ WALKER W E, HARREMOES P, ROTMANS J, et al. Defining uncertainty: a conceptual basis for uncertainty management in model-based decision support[J]. Integrated Assessment, 2003, 4(1): 5-17.

④ VEENMAN S A. Futures studies and uncertainty in public policy: a case study on the ageing population in the Netherlands[J]. Futures: The Journal of Policy, Planning and Futures Studies, 2013, 53: 42-52.

的客观可变性导致的固有的不确定性;二是不完整的知识;三是不可靠的信息①。

从议题不确定性视角理解政策试验,首先需要对不确定性类型进行细分,进而识别差异化的议题情境。从上述研究梳理中可以看到,不论是判断不确定性的定位、性质,还是衡量不确定性的水平,都涉及政策问题、目标、选项、结果、价值等政策议题的具体方面。本研究受已有研究启发,将议题不确定性区分为目标不确定性、选项不确定性、结果不确定性、效果不确定性四种类型,详见图3-1。目标和选项是决策的核心问题,西蒙称之为决策中的"价值判断"与"事实判断","价值判断"涉及最终目标的选择,"事实判断"关系到目标的实现和执行问题②。本研究所讨论的目标是指为解决特定政策问题而期望实现的结果和情景,是宏观改革方向和愿景规划,而非微观层面特定群体的具体行动目标。目标不确定性可以分为两个方面:一方面是决策系统针对政策问题的知识储备有限,难以预测未来发展形势,无法利用现有知识清晰规划改革目标;另一方面是面对一项新议题,各方认知有限,在沟通不足的情况下,对于政策导向存在较大分歧,目标共识性较低,呈现无序、混沌特征。选项不确定性是决策系统受制于所掌握的知识存量,尚不清楚实现政策目标的具体路径。结果不确定性是指决策者不了解备选政策方案会产出什么结果。效果不确定性则意味着决策者无法预测各项政策方案的实际效果和影响。这四类不确定性差异化的组合形式构成了不同的议题情境,决策系统需要首先对议题情境进行研判,解析所面临的不确定性类型,分析判断需要首要解决的不确定性,再采用恰适的政策试验模式予以应对。

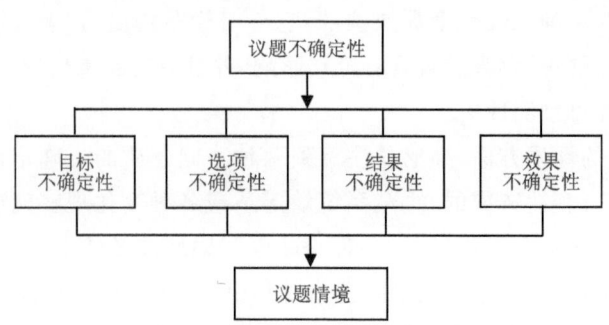

图3-1 议题不确定性的四种类型

三、应对议题不确定性的试验需求

从上述讨论中可以看出,议题不确定性与决策系统针对一项政策议题的知识储备高度相关。在实际政策过程中,政策决策尤其是针对复杂问题作决策需要依赖大量信息和知识,而决策者的理性是有限度的,只能掌握部分知识,导致决策始终面临着不确定性。正如西蒙所

---

① HADORN G H, BRUN G, SOLIVA C R, et al. Decision strategies for policy decisions under uncertainties: the case of mitigation measures addressing methane emissions from ruminants [J]. Environmental Science and Policy, 2015, 52: 110-119.

② 李文钊.党和国家机构改革的新逻辑:从实验主义治理到设计主义治理[J].教学与研究,2019,484(2):59-71.

指出的,决策者有限的选择和认知能力、政策后果的不可预测性以及区分有利和不利后果的困难,都妨碍了决策者进行完全而纯粹的理性决策,而这些限制大多与信息和知识的局限性有关,影响决策者制定最佳行动方案①。对此,需要通过组织学习生产、传播和储备新知识,利用储备的知识成果对复杂问题进行更长期、系统的分析,进而作出正确决策②。林德布罗姆也强调,人类在知识上的限度以及在可用信息上的限度决定了人类能力在完整性上的限度。因此在现实政策过程中,决策者无法充分预估政策方案的后果,难以就政策问题作出理性决策,而不得不采取渐进主义的决策思路,不断补充新信息和知识,反复调适、修正政策方案③。

议题不确定性与决策者的知识储备高度相关,因而获取和积累尽可能多的政策相关知识,满足决策系统的知识需求,是缓解决策过程中不确定性的有效途径。而政策试验恰好是促进知识生产、建构新知识的重要制度安排④,这就突显了在不确定情境下组织试验的必要性。杜威曾指出,人类知识总是不完整的,一个人无法通过预先以外部旁观者的身份收集足够多的知识来应对不确定性,只有在试验探索过程中探索学习才能获取真正有意义、有价值的知识,认为知识是在试验探索过程中不断变得丰富和有用的⑤。奈尔和豪利特研究发现,政策试验是创造新知识的有效工具,能够帮助减少不确定性和管理系统的复杂性⑥。弗雷格登希尔等也强调,政策试验有助于为处理高度复杂和不确定的政策问题提供新知识和新见解⑦。总结起来,政策试验之所以能够促进知识生产、增加知识积累,有效应对不确定性,是因为它具有以下几方面优势。

首先,组织化程度高。政策试验是有组织、制度化的学习和知识生产机制,不同于个人或某一部门在日常工作中分散地自主学习经验和知识、改进工作绩效,它具有内在的时间约束,需要在一段时间内完成必要的知识生产和积累。政策试验以解决特定问题为导向,应对不确定性的知识需求,有意识、有目的地调动相关政策行动者,生产特定类型的知识,具有比常态化政策学习和知识生产更明确的目标导向和更强的针对性。

其次,资源集中度高。不同于常规政策制定过程,政策试验是在现行政策体系之外,先在特定时间、地域范围内探索新的政策安排,检验新政策的实际效果,再根据试验经验作出政策

---

① 郭巍青. 政策制定的方法论:理性主义与反理性主义[J]. 中山大学学报,2003,43(2):39-45.

② SIMON H A. Bounded rationality and organizational learning[J]. Organization Science,1991,2(1):125-134.

③ LINDBLOM C E. The science of mudding through[J]. Public Administration Review,1959,19(2):79-88.

④ 李娉,杨宏山. 科学检验与多元协商:政策试验中的知识生产路径:基于Y市垃圾分类四项试点的比较分析[J]. 公共管理学报,2022,19(3):71-83.

⑤ DEWEY J. Reconstruction in philosophy[M]. Boston:Beacon Press,1964.

⑥ NAIR S, HOWLETT M. Policy myopia as a source of policy failure:adaptation and policy learning under deep uncertainty[J]. Policy and Politics,2017,45(1):103-118.

⑦ VREUGDENHIL H, SLINGER J, THISSEN W, et al. Pilot projects in water management[J]. Ecology and Society,2010,15(3):299-305.

决策的过程,需要大量资源投入。对此,一方面,政策试验可围绕特定议题建立专题学习机制,吸引各方的注意力资源;另一方面,对于试点单位而言,会在当地议程设置中给予试点议题优先关注,在短时间内汇聚可及的人力、物力、财力资源,投入试点任务当中,集中精力生产决策所需知识。

最后,学习网络广泛。政策试验具有明显的学习导向,围绕特定议题,可在具有共同信念的个人之间、不同层级政府间以及政府内外部不同政策行动主体间建立广泛的政策学习网络,促进知识生产、交流、传播和应用。具体而言,政策试验为具有相同利益诉求的个体行动者提供了议事平台,方便针对政策问题交流观点和想法,共同在实践中探寻问题解决方案。政策试验在政府系统内部构建跨层级的纵向学习网络,有助于高层级政府的改革意图和政策意志更直接、清楚地传达给试点单位,试点单位在领会上级精神的基础上实施试验行动,边做边学获取新知识,并及时反馈给上级部门。政策试验还能够在专家和利益相关者、基层官员等多元行动主体间构建横向学习网络,使他们有机会和渠道参与政策议程,进而集中各方智慧,增进不同来源知识的分享和交流,促进各方在协商讨论过程中就政策议题产生新想法、新见解。

综上所述,政策试验可以被理解为面对议题不确定性的挑战,为满足行动者的知识需求,以学习为导向,促进知识生产、增进政策认知,进而实现政策创新的过程,如图3-2所示。其中,议题不确定性是影响政策试验的重要情境变量:在一项政策议题的目标、选项、结果、效果都不确定的情况下,各方行动者极度缺乏有关议题的知识储备,需要通过试验积累经验,深化对议题的理解,产生新的政策理念或思路,确定政策目标,化解目标不确定性;在政策目标明确、具体政策路径尚不清晰的情形下,决策者亟需了解实现特定目标的多元政策选项,需要调动低层级机构的试验热情,在实践中探索创新,开发多样化的政策工具;当政策议题进入微观技术层面,有关新技术、新工具的结果和效果还不确定时,更多是需要通过局部试验提前测试技术工具的有效性,确定新的技术路径和标准。因此,面对一项政策议题,政策行动者需要首先对议题不确定性类型进行判断,了解自身所处的不确定性环境,再根据实际知识需求组织开展政策试验,调用各类资源进行知识生产,应用产出的新知识降低不确定性、创新政策方案。

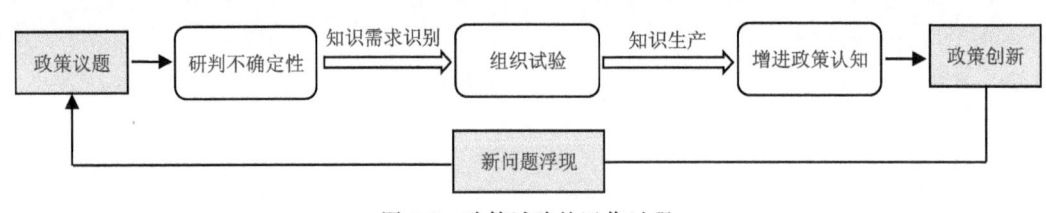

图3-2 政策试验的运作过程

第二节 政策试验中的知识生产

政策试验是一种以满足决策系统的知识需求为前提,吸收利用多元政策知识,促进新知识的生产,应对议题不确定性的制度安排。对于知识生产,不同学者的理解和界定存在较大差异。经济合作与发展组织将知识生产定义为个人、团队或组织成功地生产新知识和实践的境况。也有研究者将知识生产理解为在人类活动中,真理、原则、思想、信息等各种类型知识的发明、创造、创新和复制过程,既包括创造原创性新知识,也包括通过复制、传递等过程在已有知识的基础上产生知识①。吉本斯等认为知识生产有两种典型的方式:一种是基于学科生产科学知识,这种方式比较传统;另一种是在更广阔、跨学科的社会和经济情境中创造新知识②。马克卢普对知识生产的定义较为经典,认为人们所掌握的见解就是"知识",人们正在学会掌握他们所不了解的东西的活动就是"知识生产"③。

受上述研究启发,本研究在较为宽泛的意义上理解知识生产,将其视为产出新见解、增加人们已知知识库存的活动,不仅包括发现、发明、设计、筹划知识,还包括散播和传递知识,能够提高人们的认知水平。政策试验的知识生产能力,直接影响决策系统对于不确定性的认知和处理能力。值得注意的是,知识具有天然的分立属性,从来都不是以集中或整体的形式存在的,它分散地存在于不同个体之中④。而政策制定需要知识的建构具有整体性和兼容性,形成集聚共识、具有普遍适用性的公共政策。因此,政策试验发挥知识生产效能的关键就在于,根据决策需要将分散的知识整合起来,进行解释和重构,生成超越个体行动者已知状态的新知识。为了深化对政策试验知识生产功能的认知,本节将对知识生产的行动主体、政策知识的类型以及政策试验驱动的知识生产过程展开分析。

一、知识生产的行动主体

知识的分立性意味着有关一项政策议题的知识由不同政策行动主体掌握。针对一项复杂且高度不确定的议题作决策,就需要在不同行动者之间建立联系,使分散的知识联结起来,发展建构新知识,不断深化政策认知,提高政策预测能力。野中郁次郎和竹内弘高认为,知识是一个动态的人际化过程,是在人际社交互动中动态产生的⑤。因此,知识生产离不开掌握不同知识的多元行动主体互动交流,在协商讨论中生成发展有关议题的新知识。有研究发现,在复杂决策中,有各种各样的行动者依赖并生产在内容和方向上都不同的知识,其中主要是政府官员、专家和利益相关者⑥。政策试验为多元行动主体建立了联系,为行动主体之间互动协商提供了机会和场域。在不同情境下参与其中开展知识生产的行动主体也主要是政

---

① 傅翠晓,钱省三,陈劲杰,等.知识生产研究综述[J].科技进步与对策,2009,26(2):155-160.
② 迈克尔·吉本斯,卡米耶·利摩日,黑尔佳·诺沃提尼,等.知识生产的新模式:当代社会科学与研究的动力学[M].陈洪捷,沈文钦,译.北京:北京大学出版社,2011.
③ 弗里茨·马克卢普.美国的知识生产与分配[M].孙耀君,译.北京:中国人民大学出版社,2007.
④ HAYEK F A. The use of knowledge in society[J]. The American Economic Review, 1945, 35(4): 519-530.
⑤ 野中郁次郎,竹内弘高.创造知识的企业:领先企业持续创新的动力[M].吴庆海,译.北京:人民邮电出版社,2019.
⑥ EDELENBOS J, VAN BUUREN A, VAN SCHIE. Co-producing knowledge: joint knowledge production between experts, bureaucrats and stakeholders in dutch water management projects [J]. Environmental Science & Policy, 2011, 14(6): 675-684.

府官员、专家和利益相关者,他们针对特定议题贡献各自所掌握的不同类型的知识。

政府官员在政策过程中发挥主导和统筹作用,负责议程设置、政策构建和合法化、政策实施、政策评估等事项,他们所具备的知识与政府实践运作,特别是政治行政规范高度相关。因此,从横向上来看,不同部门的政府官员熟悉各自职能及业务范围内的知识;从纵向不同层级上来看,高层决策者掌握更多的与政治和宏观战略规划相关的知识,而基层官员则更清楚本地的政策环境和政策运作情况,了解更多地方性信息。在复杂决策中,政府官员会运用它们所掌握的政治行政知识来支持他们的主张,维护他们的观点。

专家是科学知识的占有者和生产者,随着决策逐渐向公开化、多元化发展,他们成为政策过程中常见的非官方行动者,为决策提供智力支持。专家既包括在高校或科研院所任职的科学研究者,也包括政府系统内部官方智库和研究部门中的从业人员[1]。他们所掌握的科学知识反映的是事实现象的普遍特性以及事物发展的基本规律和内在联系,是可重复、可验证的,具有一般性和普遍适用性。参与决策过程的专家不仅拥有相关领域的科学知识,还需要具备与政府官员沟通的技巧和能力,确保产出的研究成果是决策者可理解、可接受的。在专家政治无知的情况下产出的新知识,往往难以被决策者吸收和应用[2]。

利益相关者是指能够影响一个组织目标的实现,或受到一个组织实现其目标过程影响的个体或群体[3]。根据这一定义,公共政策领域的利益相关者是能够影响政策目标实现或者受到政府实现政策目标过程影响的个人或组织。他们所掌握和擅长的知识大多来源于个人生活阅历,与日常活动密切相关,受特定时空情境约束。一旦脱离具体情境,这类知识将难以引起广泛的共识。利益相关者知识以经验性见解为基础,具有明显的非结构化、本地化、零散化特征,一般以隐性知识的形式存储于个人的知识体系中,要启用这类知识,需要首先将其清晰地表达为具体、可分享的显性知识。随着普通民众权利意识的觉醒和参与能力的提升,越来越多利益相关者知识被纳入决策过程,用于提高公共政策的正当性和可接受度。

政策知识生产过程具有其他类型知识生产所不具备的特征,即生产者多样性与决策者角色多重性[4]。在政策试验中,决策者、基层官员、专家、利益相关者为知识生产提供基础知识来源,再在已有知识的基础上延伸、发展新知识。其中,决策者发挥知识动员和统筹作用,在政策问题被正式纳入政策议程后,为破解决策困境,根据决策的知识需要,有选择性地向专家或利益相关者开放试验过程,建立多元主体参与的知识共同生产机制,将分散的知识整合起来再建构,生成决策所需的新知识。在此过程中,决策者一般有两种知识生产策略:一种是邀请基层官员、各类专家和利益相关者参与政策试验过程,与他们互动、对话、协商,将更多新的见解、信息和知识吸纳到决策系统中,扩充基础知识库,建构新知识;另一种是委托在某方面

---

[1] 朱旭峰.中国社会政策变迁中的专家参与模式研究[J].社会学研究,2011(2):1-27.

[2] DUNLOP C A, RADAELLI C M. Does policy learning meet the standards of an analytical framework of the policy process[J]. The Policy Studies Journal, 2018, 46(Sup.1):48-68.

[3] FREEMAN R E. Strategic management: a stakeholder approach[M]. Cambridge: Cambridge University Press, 2010.

[4] 王礼鑫.政策知识生产:知识属性、过程特征与主要模式[J].行政论坛,2020,27(1):63-71.

具有知识专长的特定行动主体负责开展政策试验,要求在规定时间内完成知识生产任务,之后直接学习并应用知识生产成果。

二、政策知识的类型

政策试验组织多元行动者参与,汇集基本的知识来源和素材,并通过对这些基本知识进行诠释、加工和再建构,生产不同类型的知识,服务于政策决策和政策创新。要理解政策试验的知识生产功能,有必要认识知识的多样性,识别政策试验可生产的知识类型。

有关知识的探讨最早源于哲学领域,不同哲学流派对知识的理解和认识有所不同。之后,随着哲学逐步分化为一系列新学科,不同学科从不同视角对知识进行了概念界定。在哲学领域,柏拉图对知识的定义最为经典。在他看来,知识应当具备信念的、真的、证实的这三个条件,是经过证实了的真的信念。在经济学中,贝尔将知识视为一种有价值的资本性产品,认为知识是对事实或思想进行的经验性解释,具有可传播性①。在心理学领域,有研究者将知识理解为主体在与环境相互作用中获得的信息,如果储存在个体内就是个体的知识,如果储存于个体外则是人类的知识。在管理学领域,野中郁次郎和竹内弘高认为知识是经过验证的真实信念,是行动者通过感知、探索或学习获得的对事物或现象的熟悉、认知和理解②。本研究从公共政策的意义上界定知识,认为知识是政策行动者在公共政策实践过程中,通过感知、探索、学习等形式获得的认识成果的总称。

知识属于认识的成果,它不同于客观存在的、本身无意义的数据和信息,是经过验证的真实信念,可分为不同类型。早期亚里士多德对知识的分类具有深远的影响,他将知识分为理论性知识、实践性知识、创造性知识三种。理论性知识是纯粹的思维演绎论证,是对普遍、必然的客观实在的领会;实践性知识是关于人类行动的学问;创造性知识是有关创作、艺术、演讲的知识③。哈耶克对经济秩序中的两种知识进行了区分:一种是科学知识,这种知识是高度组织化的,能够被清晰地描述、表达出来,反映事物的内在联系和发展规律;另一种是情境性知识,这种知识与个人的成长经历、生活经验、教育背景密切相关,深深嵌入在具体时空环境之中,具有个性化、变动性等特征④。还有学者将知识分为四种类型:其一是经验性知识,是个人掌握的心智模式、事实认知和隐性技能;其二是概念性知识,是概括事物本质特征的知识;其三是系统性知识,是将各方面孤立、分散的知识组合成更复杂、更具体的知识体系建立的政策原型;其四是常规性知识,是有关政策实施的具体流程和方法⑤。

---

① 丹尼尔·贝尔.后工业社会的来临[M].高铦,译.北京:新华出版社,1997.
② 野中郁次郎,竹内弘高.创造知识的企业:领先企业持续创新的动力[M].吴庆海,译.北京:人民邮电出版社,2019.
③ 陈洪澜.论知识分类的十大方式[J].科学学研究,2007,25(1):26-31.
④ HAYEK F A. The use of knowledge in society[J]. The American Economic Review, 1945, 35(4): 519-530.
⑤ NONAKA I, TAKEUCHI H. The knowledge-creating company[M]. New York: Oxford University Press, 1995.

借鉴上述有关知识类型的讨论,本研究从知识的模块化水平和知识结构的复杂性两个维度,将政策知识分解为四种类型,分别是经验性知识、概念性知识、系统性知识、操作性知识(图3-3)。知识的模块化水平是指对知识体系进行模块化分解的程度,模块化水平高意味着知识管理者按照特定维度对大量知识内容进行了深度解构和重组,构建形成了清晰、完整的知识模块;知识结构的复杂性是指知识体系内部结构的复杂程度,结构复杂表明知识体系内容庞杂,包含众多维度和要素,相反则表明知识维度单一、知识点较少。按照这两个维度区分出的经验性知识是政策行动者针对现

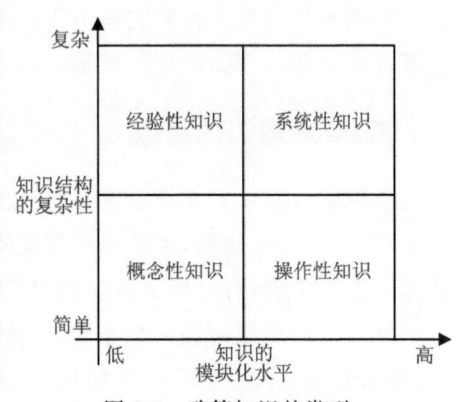

图3-3 政策知识的类型

实问题尝试一些新的政策做法所积累的经验,是政策创新初期阶段生成的知识,内容复杂但模块化程度较低,具有明显的个性化、情境化特征;概念性知识是对大量事实经验进行高度总结提炼,得到的能够反映一项政策理念最本质、最突出的特征的知识,具有高度抽象性和凝练性,结构简单、不区分具体模块;系统性知识是对各种碎片化知识进行整合、再建构,形成的一套结构复杂、内容丰富、逻辑自洽的知识体系,包含多个模块构成一项政策方案的"四梁八柱";操作性知识是专家负责生产的有关政策实施的技术路线、工作流程、数据资料等方面的知识,内容结构清晰简单、模块化水平高,知识复用率也比较高。

一项新政策以经验性知识为基础,由概念性知识、系统性知识和操作性知识构成。在政策制定的不同阶段,为了应对不同类型的不确定性,决策系统需要补充不同类型的知识,来增进对政策的理解和认知。根据决策系统差异化的知识需求,政策试验会向不同行动主体开放,通过差异化的组织模式促进新知识的生产。

三、政策试验驱动的知识生产过程

政策试验发生于多层级治理体系之中,针对特定议题可构建跨层级、跨部门、跨界别的专题学习网络,将各层级政府官员、各学科领域专家、利益相关者联系起来,为汇集不同来源的知识提供了便捷渠道,为创造新知识提供了平台。有研究者提出,政策行动者通过收集、共享、整合、解读和应用知识,可以将多个来源的知识汇聚起来实现新知识的生产,增进对特定问题的系统性理解[①]。面对不同类型的不确定性,政策试验由不同的关键行动主体参与,贡献不同类型的知识,共同促进知识生产。本研究将政策试验中的知识生产过程解构为以下几个关键环节,分别是信息收集、知识共享、知识整合、知识解读、知识应用(图3-4)。

首先,信息收集是复杂知识生产过程的起点。面对一项政策问题,有意识参与试验过程的政策主体会行动起来,运用自身擅长的方式收集、获取问题相关信息,从这些输入的信息中提取有意义的要素,使其与自身已经掌握的知识结合起来进行存储,完成针对特定议题的知

---

① ARMITAGE D, BERKES F, DALE A, et al. Co-management and the co-production of knowledge: learning to adapt in Canada's Arctic[J]. Global Environmental Change, 2011, 21(3): 995-1004.

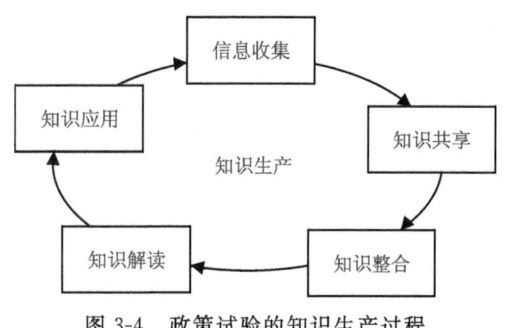

图 3-4 政策试验的知识生产过程

识的原始积累。信息收集是一个高度个人化的过程,与个人的价值观、偏好、能力等因素高度相关。

其次,知识共享是知识输出和输入的互动过程。政策试验创造了一个知识共享的环境,让个体行动者在其中能够以正式或非正式方式高效沟通。针对一项政策议题,参与试验过程的个体行动者通过展开对话交流、沟通协商,清晰地表达自身的观点和想法,可将个人掌握的知识传播给其他人。这种知识分享过程可能充斥着意见分歧甚至大量冲突,但正是各种不同观点的碰撞可以激发个体重新审视自身所掌握的知识,以新的方式理解政策问题,产生新的想法和灵感。

再次,知识整合在本质上是知识建构的过程。在通过试验途径汇聚各方面知识的基础上,决策系统首先对大量分散的知识进行机械、琐碎的汇总,再在不同知识之间寻找内在联系、建立连接,并通过进一步筛选、提炼和归纳,初步将可用知识有机地融合起来,建构形成新的知识体系。

然后,知识解读是对整合起来的知识进行重新诠释的过程。对于整合后的可用知识,决策系统将有意识地结合自身的偏好和想法对其进行进一步解读和加工,促使经整合得到的知识与原有的知识经验发生双向交互,对原有的知识体系进行重构,并采用特定的逻辑推理方法,从整合所得的知识中发展延伸出新知识,提出新的政策理念和见解。

最后,知识应用不是知识生产的终点,而是知识生产的延续。当决策系统通过信息收集、知识分享、整合、解读等环节积累了一定量的知识,建构形成新知识体系后,采取局部试点的方式,将新知识应用于实践中,探索践行新的政策思路的具体政策方案,或是观察、测试微观技术工具的实际效果,确定新的技术路径和标准。在试点应用过程中,政策行动者会收集有关新知识的实践反馈和各方意见,经过反思和再建构,对前期形成的知识建构进行调适、修正,发展、完善新的知识体系。知识生产是一个循环往复、逐渐深化的过程,知识应用并不意味着知识生产的结束。随着新发现或新命题的提出,知识生产将进入新一轮循环,推动知识建构不断向更高层次发展。

综上,政策试验中的知识生产是由信息收集、知识分享、知识整合、知识解读、知识应用等环节构成的循环交互过程,目的在于根据决策系统的知识需求,整合分散的信息和知识,促进新知识的增长,增加政策知识存量,提高认知的预测能力,灵活应对议题不确定性。面对不同类型的议题不确定性,政策试验会依据政府官员、专家、利益相关者各自所拥有的知识的特点,有选择地吸纳部分行动者作为关键行动主体参与知识生产过程,调动他们的积极性,为知识生产贡献知识基础,提高知识生产效率。

第三节 政策试验的四种组织模式

在制定公共政策时,决策系统经常面临的一项挑战是需要在不确定情境下设计稳妥的政策举措解决政策问题。换言之,即使在对于未来可能的政策环境和政策发展趋势掌握的信息十分有限的情况下,决策系统也必须针对特定议题尽可能制定可靠的政策方案,防范政策风险。政策试验被视为应对这种困境的有效途径,它针对特定议题建立专题学习机制,在实践中学习吸纳不同来源的知识,并组建知识素材库,在此基础上生产新的政策知识,用于制定政策方案,处理不确定性①。由于不确定性类型不是一成不变的,也不是所有类型的不确定性都需要政府系统作出同样的政策反应②,因此在试验之前就需要对面临的不确定性类型进行准确研判,再选用合宜的试验模式予以应对。本研究通过区分不确定性类型和关键行动者的差异性,提出理解政策试验的"组织模式与知识生产"框架,剖析不同议题情境下开展政策试验进行知识生产的组织模式。

政策试验的关键行动者是指高度参与试验过程,对试验的开展和推进起关键作用的行动主体。关键行动主体是政策试验研究的一个经典维度,它对试验运作方式具有直接影响,与知识来源和政策学习网络密切相关。不同行动主体擅长不同类型的知识,能够为试验创新提供知识基础。有研究指出,政府官员主要掌握与政治行政规范密切相关的知识,专家拥有更加丰富的可重复、可验证的科学知识,利益相关者掌握更多具有高度情境性和本地化特征的知识,这些行动主体互动合作可以将各自所掌握的知识带入政策过程,在对话协商中创造新的见解、信息和知识③。作为一种有意识的组织学习行动,政策试验根据政策议题的知识需求,容许不同行动主体参与,构建议题学习网络,形成差异化的组织模式,推动新知识的产出④。

议题不确定性是本研究提出的理解政策试验的一个新维度,目的在于刻画政策试验运作的不同情境。在不同议题情境下,政策行动者需要作出差异化的政策反应,采取不同类型的试验模式,促进知识生产、应对不确定性。理解政策试验的不同情境,有必要对议题不确定性类型进行区分。本研究在文献梳理的基础上,将议题不确定性分为目标不确定性、选项不确

---

① 杨宏山,周昕宇.政策试验的议题属性与知识生产:基于城市土地使用权改革的案例分析[J].管理世界,2022(4):82-95.
② NAIR S, HOWLETT M. Policy myopia as a source of policy failure: adaptation and policy learning under deep uncertainty[J]. Policy and Politics, 2017, 45(1): 103-118.
③ EDELENBOS J, VAN BUUREN A, VAN SCHIE N. Co-producing knowledge: joint knowledge production between experts, bureaucrats and stakeholders in Dutch water management projects[J]. Environmental Science & Policy, 2011, 14(6): 675-684.
④ 李娉,杨宏山.科学检验与多元协商:政策试验中的知识生产路径:基于Y市垃圾分类四项试点的比较分析[J].公共管理学报,2022,19(3):71-83.

定性、结果不确定性、效果不确定性四种类型。这四种不确定性差异化的组合形式构成了不同的议题情境。政策行动者在开展政策试验前,需要首先对议题情境进行研判,分析面临着哪几种不确定性,判断需要首要解决的不确定性,明确知识需求。

政策试验的组织模式是本研究的核心研究对象,用于描述差异化的议题情境下政策试验的运作方式。有研究者指出,模式是用于描述或解释在不断变化的环境下形成的较为稳定的活动结构框架和程序①,是对某种事物的结构或过程的主要组成部分以及这些部分之间相互关系的一种抽象、简约化的刻画②。组织模式则是对某种组织活动的主要部分及运作形式的一种抽象描述,它具有稳定性和扩展性的特征。其中,稳定性表明组织活动以一种相对稳定、有规律的形式运作;扩展性是指组织模式所内含的要素及其相互关系具有一定的共性特征,能够在特定条件下被参照和借鉴。本研究所讨论的政策试验的组织模式受议题不确定性影响,是指政府官员、专家、利益相关者等政策行动主体开展试验进行知识生产活动所形成的行动模式,它包括行动者之间的互动方式以及按照特定行动逻辑进行知识生产的方式和效果等。

根据议题不确定性和关键行动者的差异性,本研究构建政策试验的"组织模式与知识生产"分析框架,区分四类试验模式,分别为社会自发型试验、政社合作型试验、权威倡导型试验、专家受托型试验。这一框架包括议题不确定性、组织模式、行动主体、行动逻辑、知识生产多个层次。首先,议题不确定性是指需要首要解决的不确定性类型,既可能是目标不确定性,也可能是选项、结果或效果不确定性,构成政策试验的背景和动机;组织模式是政策试验的运作样态和表现形式;行动主体是参与政策试验的关键行动者,他们决定知识的主要来源,为知识生产提供基本知识素材;行动逻辑是政策行动者在不同议题情境下组织开展试验的具体策略,反映政策试验的运作规律;知识生产是政策试验的目的,根据决策系统的知识需求生成不同类型的知识。这几个层次构成组织政策试验的基本逻辑:针对不同类型的不确定性,政策行动主体遵循特定逻辑开展知识生产行动,形塑了不同类型的政策试验模式(图3-5)。

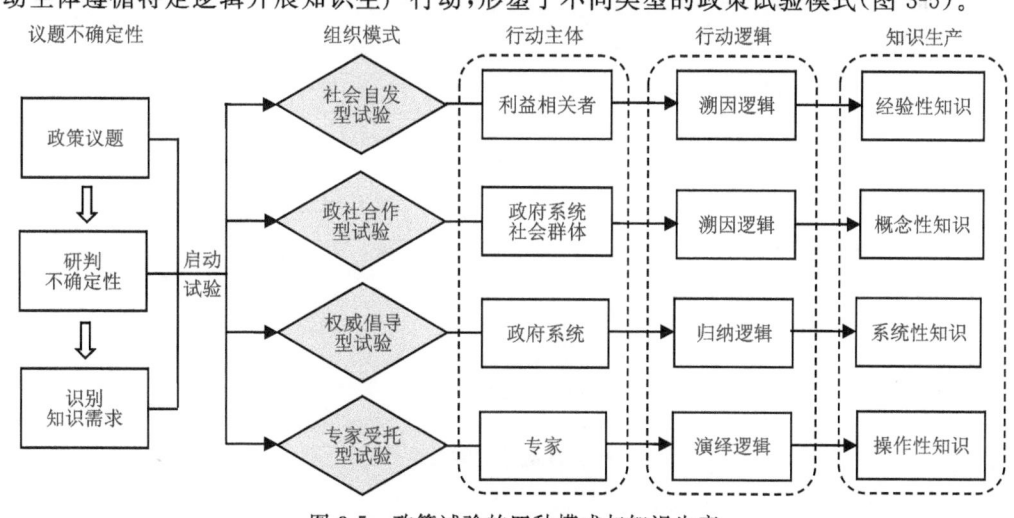

图3-5 政策试验的四种模式与知识生产

---

① 克里斯托弗·亚历山大.建筑的永恒之道[M].赵冰,译.北京:知识产权出版社,2020.
② 程斯辉.中国教育管理模式研究[M].武汉:武汉工业大学出版社,1994.

由于政策试验不同于严格控制条件变量的实验室实验,在实际运作中易受到政治力量等背景因素的影响,本研究在构建理论分析框架时进一步将政治因素纳入考量。早在20世纪60年代,坎贝尔就提出,决策者通常在组织试验之前就确立了改革方向,投入政治资本支持政策试验的开展是为了论证并维护自身的核心政治主张①。之后也有学者研究发现,政治博弈优先于科学或管理理性,政策试验被战略性地用于提供事实证据,支持高层决策者已经作出的政策决定。如果试验产出的知识对现有的政策理念构成挑战,决策者会选择忽视甚至曲解试验结果,避免其对政策决定造成不利影响②。由此可见,在现实图景中,政治权威凌驾于政策试验之上,试验在很大程度上被用作政治说服,即说服各方群体相信高层决策的正确性,维护政治权威。因此,在探讨各类不确定情境下政策试验的知识生产效能时,应当看到政治因素在不同组织模式中的影响作用,尤其是地方层面的社会自发型试验和政社合作型试验,在尚未得到高层掌权者认可、支持的情况下,更多的是基层价值偏好的表达和政策知识的积累,对于政策系统的影响有限,知识生产过程也容易受到政治力量干预而中止。

一、社会自发型试验

这类试验是一部分社会群体在现实问题倒逼下,为了尽快找到问题解决方案、维护自身利益而自发组织的试验探索行动。对于政府部门而言,由于长期处于多任务环境下,注意力成为最宝贵和稀缺的资源,无法及时注意到所有社会问题。这就导致一些棘手的公共问题在未能引起政府部门注意、尚未正式进入政策议程,却对一部分利益相关者造成困扰时,这部分群体迫于现实压力,冒险尝试突破现行政策框架,自发开展政策探索和创新,形成社会自发型试验。这类试验适用于政策问题界定不清、改革目标不明的情境,在此情境下,切身利益受到影响的社会群体在确认具有共同信念后,作为关键行动主体自主开展试验创新,试图通过溯因分析逐渐探明新的政策方向,在此过程中生产并积累经验性知识。具体来看,社会自发型试验的运作特征(图3-6)有以下几个方面。

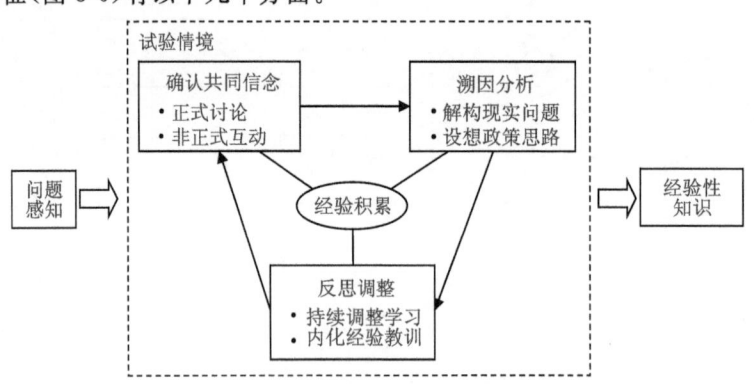

图 3-6 社会自发型试验的运作特征

---

① CAMPBELL D T. Reforms as experiments[J]. American Psychologist, 1969, 24(4): 409-429.

② ETTELT S, MAYS N, ALLEN P. Policy experiments: investigating effectiveness or confirming direction?[J]. Evaluation, 2015, 21(3): 292-307.

(1)适用于改革方向高度不确定的议题情境。在此情境下,具有共同信念的利益相关者是试验的关键行动主体。面对一项新的棘手问题,各方行动者的相关知识储备通常都十分有限,依赖于现有的认知水平既无法清晰界定问题,也难以判断问题的未来走向,对问题解决方案更是一无所知,政策目标、选项、结果、效果都处于高度不确定状态。在这种复杂的不确定性结构下,为了提高问题应对能力、尽快摆脱困境,持相同信念和价值偏好的利益相关者会诉诸于试验途径寻求政策突破,共同探索解决问题的新思路、新方向,优先化解目标不确定性。在此过程中,利益相关者在联盟内部通过会议等正式形式或日常沟通互动等非正式方式分享知识、交换想法。由于新的政策探索是对现有政策体系的挑战,尝试追求的政策新目标在各方群体中的共识度还比较低,这类试验面临较大舆论压力,由利益相关者组成的倡导联盟也承担着极高的政治风险。高层决策者密切关注这类试验,一旦发现政策试验的探索方向与自身的政治主张存在较大差异,就会立即叫停,甚至对试验的关键组织者追究责任。

(2)遵循溯因逻辑设想问题解决思路,探究新思路的实际效果。在议题高度不确定情境下,由于利益相关者针对政策问题的知识积累有限,受制于现有的政策认知水平,难以理性规划政策目标,构思政策选项,因而选择基于不完整的知识体系先猜想一个可能的问题解决思路,暂时作为新的政策目标,构建目标驱动的专题学习机制,再在小范围试验中探究这一思路的可行性。根据从实践反馈中习得的新信息、新知识,不断围绕新思路拓展知识范围、增加知识储备量。如果在实践中发现预先设想的政策思路效果不佳,则吸取经验教训重新调整思路,再通过试验实践观察其效果,如此反复,直至找到利益相关者满意的政策新方向。

(3)在积累经验性知识的基础上,不断反思调整政策思路,增进政策认知。利益相关者是社会自发型试验的关键行动主体,他们主要掌握与日常生活高度相关的经验性知识,依靠这些知识组织开展试验行动。利益相关者一般先在联盟内部分享、讨论各自对政策问题的看法和见解,使个人内在化的经验性知识外显化,经知识整合和建构提出具有共识性的问题解决思路后,通过试验践行新思路,考察思路的可行性和实际效果,面向实践发现的新情况,反思获取经验教训,进而反复调适、修正政策思路。利益相关者由于认知能力和可得的资源支持都比较有限,难以对试验中产出的新信息、新知识进行深度提炼、总结和系统性论证,更多的是在迭代学习中吸取并内化经验教训,增加经验性知识的积累,拓展、延伸或重构自身的隐性知识,增进对政策问题的认识。社会自发型试验是各地根据实际情况自发开展的,具有高度离散性、自组织性特征,能够在各地异质性的实践探索中积累大量经验教训,在经验性知识生产方面具有优势。

二、政社合作型试验

这类试验是向政府系统外部开放,由政府官员与社会行动者合作发起的试验行动。随着经济社会快速发展,一些政策安排难免滞后于现实情况,导致一系列新问题、新状况出现。针对这些问题,政府部门的知识积累有限,一时难以形成解决思路,如果富有改革创新精神的政策企业家掌握更多相关知识,有意愿参与政策过程,贡献新的政策理念,并成功引起决策者的共识,双方就会联合起来,发挥各自优势共同开展试验行动,致力于明确政策方向,形成政社合作型试验。这类试验通常是在政策问题突出、社会矛盾尖锐的地方率先触发的,企业家、专家、普通民众都可能扮演政策企业家的角色,推动政策议程。作为地方层面自主开展的政策行动,这类试验只有征得了中央高层的认同或默许,才有可能稳步推进和广泛推广,持续进行知识生产①。概括而言,政社合作型试验的运作特征(图3-7)有以下几个方面。

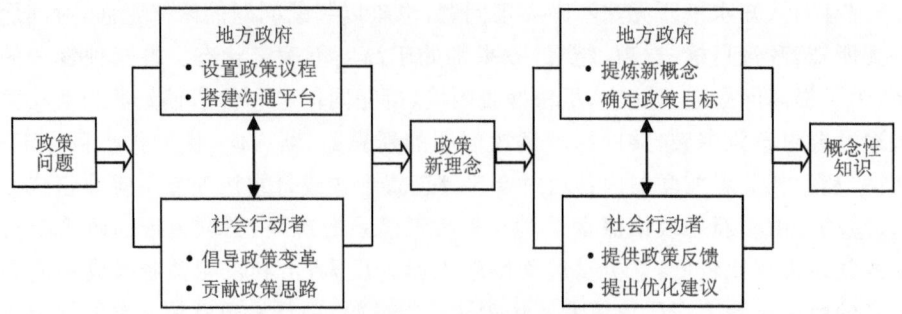

图3-7 政社合作型试验的运作特征

(1)适用于政策目标尚不清晰的议题情境,地方政府和部分社会行动者构成试验的关键行动主体。在决策系统对政策问题的认识和界定尚未形成共识,政策目标高度不确定的议题情境下,地方政府跨界向社会行动者寻求合作,双方通过试验途径共同探索政策新目标。在地方治理过程中,如果面对一项棘手的政策问题,当地政府缺乏必要的知识储备,难以在短时间内就政策目标及具体政策措施产生思路,而传统的政策框架已经不合时宜、亟待改变,地方决策者将迫切需要依托试验形成专题学习场域,集中补充政策知识,满足知识需求,尽快明确新的政策导向。在这种情况下,决策者会搭建沟通平台,主动与具有知识优势的社会行动者合作开展试验,建立跨界学习网络,学习吸纳新想法、新观念,更新政策理念,致力于为政策问题寻求可行的解决思路。

(2)基于溯因逻辑不断调适政策目标,优化政策思路。政社合作型试验与社会自发型试验具有相似性,都是基于高度不完整的知识体系渐进探索问题解决思路的过程,其运作也遵循溯因逻辑。具体而言,决策者针对现实问题先向政策企业家学习了解新的政策理念,更新自身的理念认知,再以新理念为指导确定政策目标,初步探索政策原型。之后,地方在试验实践中检验政策干预措施的实际效果,根据实践反馈逐渐探明政策方向,不断调适政策目标、优化政策原型。在此过程中,地方政府还会通过正式或非正式途径与利益相关者沟通对话,了解社会公众对于新的政策举措的接受度,听取公众意见,根据社会反馈信息调整政策目标。

(3)试验取得成功后,地方政府总结关键机制,生成概念性知识,促进成功经验传播扩散。政社合作型试验面临的是现行政策与现实发展不相协调所导致的前瞻性问题,要解决这类问题,首要任务是突破传统政策观念的束缚,在理念层面作出调整。为此,地方政府通过政策试验加强与社会行动者交流互动,逐渐瓦解旧观念、接受新观点,在此基础上建构新的政策理念,厘清政策目标。在试验取得明显成效后,地方从成功经验中提炼发展出新概念,概括总结试验成果。考虑到新的政策概念在政策系统中属于新生事物,为了尽可能提高其接受度,减少改革阻力,地方政府在自我陈述时会采用合法性叙事方式,一方面选用符合主流价值体系

---

① 石晋昕,杨宏山.政策创新的"试验-认可"分析框架:基于央地关系视角的多案例研究[J].中国行政管理,2019(5):84-89.

的话语进行建构解释①,另一方面通过正式或非正式渠道调用政治资源,自下而上向中央反映政策需求,强调试验创新的现实意义和良好绩效,游说和传导新的政策概念,争取高层支持。一旦地方的突破性探索获得中央认可或默许,意味着地方取得了合法的政策试点权,能够进一步推进政策创新、推广新概念,提升试点创新政策的传播力和影响力,地方官员承担的改革风险也会随即转化为政绩红利。

三、权威倡导型试验

这类试验是高层决策者利用政治权威,自上而下提出试验倡议,通过非均衡赋权的方式,允许部分地区优先开展试验行动,为实现政策目标创新差异化的政策选项的过程。改革开放以来,中央政府在正式推行重大改革前,通常会选择局部地区鼓励先行试点,运用政治权威组织倡导型试验,几乎做到了"每改必试"。这种试验模式具有以下优势:一是以不争论为前提先行实践,减少各方对于预先确定的政策方向的争议,凝聚共识;二是通过小范围的试验实践收集政策反馈,确认政策方向的正确性,为改革者的决策主张提供证据支持;三是试点地区的政策创新拥有来自高层级政府的特殊授权,知识生产活动受到保护,能够持续稳步推进;四是授权多地平行试点,增加政策知识创造者,提高知识生产效率,为政策制定积累知识基础。具体而言,权威倡导型试验的运作特征(图3-8)有以下几个方面。

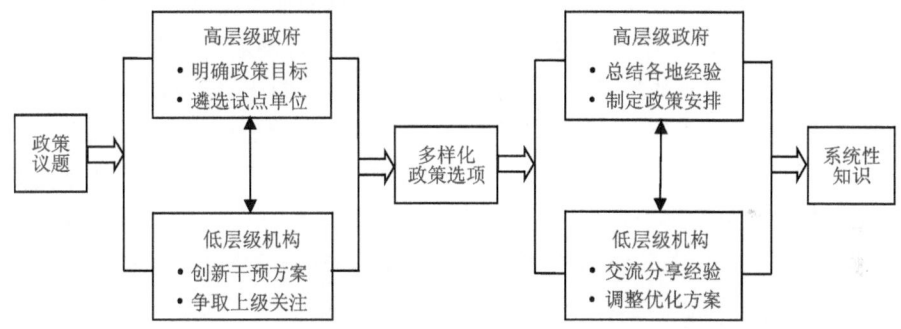

图 3-8　权威倡导型试验的运作特征

(1)适用的议题情境是政策目标已经确立,而政策选项的不确定性亟待解决,主要行动主体是不同层级政府。高层决策者在接受了新的价值理念并初步拟定了未来政策方向,但是在政策选项、结果以及效果还不确定,迫切需要补充相关知识,深化对政策方案的结构性认知时,通过非均衡赋权的方式,有意识地选择基础条件较好、学习能力较强的地方,授予优先试点权,鼓励创新政策方案。地方试验创新通常会得到来自高层级政府的协调、指导、保护和支持,需要在目标框架下,结合当地情境创造多样化的政策选项②。非均衡赋权可细分为直接指定和开放竞争两种方式。直接指定赋权是高层级政府根据试验需要,直接选定部分地方,与当地政府联系沟通,在双方达成共识的基础上,授予他们政策试验权;开放竞争赋权则是高

---

① WADDOCK S A, POST J E. Social entrepreneurs and catalytic change[J]. Public Administration Review, 1991, 51(5): 393-401.

② 朱旭峰,张友浪. 创新与扩散:新型行政审批制度在中国城市的兴起[J]. 管理世界,2015(10):91-105.

层级政府在设置试验议程后,向低层级机构公开招募试点单位,从按时申报的低层级政府中遴选符合标准的地方授予试验权。

(2)选择多地分散化试点,遵循归纳逻辑吸纳总结地方成功经验。各地在获得批准授权后,需要按照上级要求围绕特定目标开展试验创新行动,按照时间规定落实试验任务,提出新的政策方案。这样多点平行试验会催生同行竞争效应,各地为了在大量试点同行中脱颖而出,争取上级关注和认可,积极创新差异化的政策工具,打造区别于其他地方的政策亮点,并使用朗朗上口的概念包装、宣传本地的政策创新成果。只有取得良好绩效、成功引起上级注意的试点地区,生产的政策知识才有机会被吸纳到上级政策制定当中,成为正式政策安排的一部分。权威倡导型试验这种先自上而下统筹组织地方同步试点,再自下而上向试点地方学习政策创新经验的运作方式,具有归纳逻辑的特征,是从大量分散的实践经验中总结归纳政策框架和核心要点,制定规范的政策文件的过程。这类试验对失败的容忍度较高,对于不成功的地方创新会通过注意力转移的方式容错纠错。

(3)整合地方试验信息,建构系统性知识。从府际关系来看,权威倡导型试验在不同层级政府间构建起了理念驱动的专题学习网络:高层级政府是试验发起方,基于新的政策理念提出试验倡议;低层级政府是试验实施方,在实践中探索践行新理念的具体政策措施。低层级政府大规模的平行分散试验为生成多样化的政策备选方案提供了机会,有了更多备选方案,组成原始的政策知识素材库,可为复杂议题建构更科学全面的复合式解决方案,提高决策能力[1]。随着试点范围扩大、试点单位数量增加,知识素材库将不断得到扩充。但这些知识素材具有零碎、分散、非结构化的特征,无法直接用于宏观政策制定,需要高层级政府发挥卓越的学习能力,甄别、收集有用信息,建构解释框架,将无序、琐碎的地方试验经验整合成多维度的结构性知识,再对其进行去语境化编辑和抽象化总结,生成一套表达清晰、内容全面的系统性知识,制定一揽子政策安排[2]。总的来说,权威倡导型试验是高层决策者主导的政策求解过程,致力于从地方创新中总结经验、统筹完善政策安排,在系统性知识生产方面具有优势。

四、专家受托型试验

这类试验是富有造诣的专家受政府部门委托发挥专业特长,预先在局部范围内检验微观操作性政策工具实际效果的试验行动。当决策系统针对某项政策议题已经掌握了丰富的知识储备,足以清晰界定政策问题,确定政策目标以及实现目标的政策路径,但对政策实施的微观细节和技术指标的认知还比较模糊时,调动相关领域的专家在一些地方组织开展试验,生成政策制定所需的客观依据,形成专家受托型试验。专家受托型试验集中于操作性、技术性领域,政治风险性较小,受政治力量干预也较少。总结而言,专家受托型试验的运作特征(图3-9)有以下几个方面。

(1)适用于政策目标和选项的不确定性已经得到解决,政策工具的结果和效果还高度不确定的情境,专家是试验的关键行动者。当政策问题及其对策的不确定性较低,而微观层面政策工具的结果和效果具有较高不确定性时,决策系统针对特定议题的政策目标和选项已经

---

[1] 毛寿龙.地方政府如何推进开放式决策[J].中国党政干部论坛,2020(3):19-23.
[2] 王路昊,林海龙.成为"最佳实践":试点经验的话语建构[J].社会,2021,41(1):79-119.

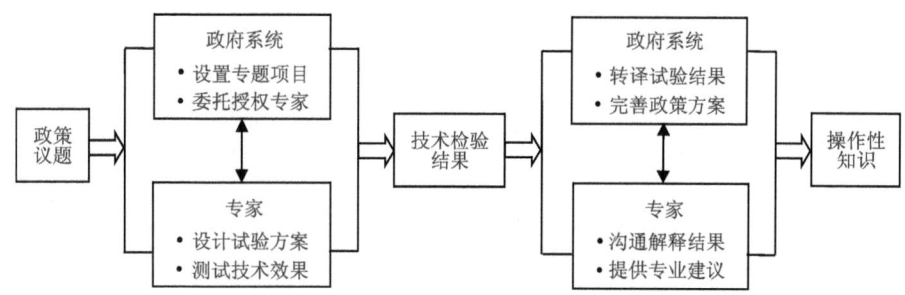

图 3-9 专家受托型试验的运作特征

形成了相对清晰的认知,只是对于未来政策实施过程中的一些技术问题认知不充分,政策决策进入微观技术性层面。为了提高知识生产效率和质量、增进对技术事实的认知,决策系统将知识生产任务委托给经过专业训练的专家,由专家组建专业团队,集中时间、精力在局部地区设计实施试验,检验技术工具的效果,确定技术指标,解决政策工具的结果和效果不确定性问题。授权委托一般有两种形式:一种是直接委托研究,即政府部门直接将课题项目委托给具有良好前期研究基础的专家团队,负责组织实施试验;另一种是公开招标委托,由政府部门根据技术需要,设置研究课题和申请标准,公开征集研究单位,择优委托试验项目。

(2)遵循演绎逻辑,致力于检验技术工具的有效性。专家一般针对技术问题先依靠自身掌握的理论知识演绎推理生成待检验的政策假设,预判政策干预措施与结果之间的因果关系,并精心设计一套试验方案。之后,由相关专业领域内的专家依照方案规定的流程逐步推进试验实践,根据试验结果证实或证伪政策假设,判断一项技术工具的有效性。专家受托型试验具有内嵌的时间表,专家在规定时间内完成试点任务后,需要撰写试验结果报告,就支持、调整或反对预先设计的技术方案提出建议,提供给政府部门参考。

(3)分析试验数据,完成书面报告,生成并转译操作性知识。作为一种政策导向的技术测试,专家受托型试验由特定领域的专家组织实施,严格按照试验设计规范推进试验进程,详细收集并记录相关信息,之后选用恰当的方法分析试验数据,判断政策干预的有效性,再总结提炼试验发现,完成书面试验报告,为决策系统提供操作性知识。操作性知识具有客观实在性,其生产和采纳,不仅将增加决策系统的知识存量、增进对微观技术工具的认知,还将对政策制定产生附加效应,提高政策决策的科学性和可信度[1]。值得注意的是,以专家的学术科学话语为载体呈现的操作性知识由于专业性强、艰深晦涩,可理解性比较低,无法直接应用于政策文本编辑,需要政府官员与专家加强沟通,在理解的基础上适度转译为政策行动话语,经过两套话语体系的桥接,使操作性知识得以很好地融入政策制定之中,转化为政策文本[2]。

---

[1] SAARKI S, NIEMELA J, TINCH R, et al. Balancing credibility, relevance and legitimacy: a critical assessment of trade-offs in science-policy interfaces[J]. Science and Public Policy, 2014, 41(2): 194-206.

[2] 肖滨,费久浩.专家-决策者非协同行动:一个新的解释框架:以A市政府决策咨询专家的政策参与为例[J].公共管理学报,2020,17(3):37-48.

五、政策试验四种组织模式的比较分析

通过上述分析可以看到,社会自发型试验、政社合作型试验、权威倡导型试验、专家受托型试验在议题情境、关键行动者、行动逻辑、权威介入、学习方式、知识生产结果等方面存在明显的差异性,如表 3-1 所示。

表 3-1 政策试验四种组织模式的比较

分析维度	社会自发型试验	政社合作型试验	权威倡导型试验	专家受托型试验
议题情境	目标不确定性	目标不确定性	选项不确定性	结果不确定性、效果不确定性
关键行动者	利益相关者	地方政府 社会群体	不同层级政府	专家
行动逻辑	溯因逻辑	溯因逻辑	归纳逻辑	演绎逻辑
权威介入	密切监测	寻求合作	高位调控	委托授权
学习方式	反思性学习	协商性学习	科层式学习	认知性学习
知识生产结果	经验性知识	概念性知识	系统性知识	操作性知识

从议题情境、关键行动主体这两个方面来看,四种试验模式存在显著差异。社会自发型试验是在政策目标、选项、结果和效果都处于高度不确定状态时所采取的试验行动,旨在首先处理目标不确定性,由利益相关者主导,按照溯因逻辑在实践中迭代学习,渐进探索问题解决路径。政社合作型试验也适用于目标高度不确定的议题情境,地方政府与社会行动者在其中发挥各自优势,共同探寻问题解决思路。权威倡导型试验适用于选项不确定性亟待解决的议题情境,由高层级政府发挥统筹作用,按照归纳逻辑动员试点地方在框架性目标下创新多样化的政策备选方案。专家受托型试验的适用情境是决策系统对政策问题及对策的认知已经比较清晰,但是对于政策工具的结果和效果等事实性问题的认知还不充分,因而委托具有相关专业背景的专家作为试验实施方,遵循演绎逻辑推进试验,检验技术方案的有效性。

从权威介入方面来看,四种模式也有所不同。社会自发型试验是利益相关者面对政策难题自发探寻问题解决思路的过程,具有突破现行政策框架的潜力,高层决策者对此给予密切关注,一旦意识到试验结果支持的观点与自身的政治主张不同,就会立即采取措施制止试验行动,实施强干预。政社合作型试验是地方政府为回应当地棘手问题,与富有改革创新精神的社会行动者合作,在实践中探索有效的问题解决思路的过程,要想持续推进甚至推广还需要征得上级权威部门的认同或默许。权威倡导型试验由高层级政府运用政治权威调控地方试验行动,主要负责设定政策议题、传递试验信号,设置政策愿景、遴选试点单位,提供激励因素、激发创新动力,评估试验结果、总结可复制经验[①]。相比而言,专家受托型试验中政治权威的介入度比较低,主要是联系和委托相关专家组织试验。

---

① 周昕宇,杨宏山.中国政策创新的竞争性试验模式[J].地方治理研究,2022(3):2-14.

政策试验的四种模式在学习方式、知识生产结果方面也有差异性。社会自发型试验是试验行动者在实践过程中边做边学,持续反思经验教训,增加经验性知识的积累,逐渐深化对政策问题的认知。政社合作型试验则是地方政府与社会行动者持续互动合作,学习吸纳外部新想法、新观点,更新政策理念,最终总结提炼概念性知识作为政策目标。权威倡导型试验是低层级政府在"等级制度的阴影"下创新政策备选方案,并通过科层结构将取得良好绩效的试验经验反馈给高层级政府,经整合形成一套系统化的知识建构,用于制定政策方案。专家受托型试验是政府部门委托专家通过试验途径检验政策工具的结果和效果,扩展有关技术事实的科学知识,属于认知学习的范畴①。

第四节 议题情境与政策试验模式转化

政策制定以满足知识需求为前提,是一个有意识地创造、应用和发展新观点、新规则、新技术的过程。在不同类型的不确定性情境下,决策系统针对特定议题所掌握的知识存量和所需的知识增量有所不同,需要选择合宜的试验模式进行知识生产,满足政策制定需要。随着时间推移,不确定性类型发生变化,决策系统的知识需求以及对知识生产的要求也会发生变化,相应地将调整政策试验的行动逻辑,促成试验模式转化,生产不同类型的知识。

日本学者竹内弘高和野中郁次郎曾提出"知识的螺旋上升"模型,认为组织学习是一个永不停息的过程,通过社会化、外显化、综合化和内在化等环节,分别生产经验性、概念性、系统性和常规性知识,逐步推动组织达到更高的知识层次,当内在化的常规性知识再次通过社会化与他人分享,则进入新一轮知识的螺旋上升②,如图3-10所示。对于政府部门而言,制定一项新政策也需要学习补充不同类型的知识,推动认知水平升级。为了满足政策制定需要,通

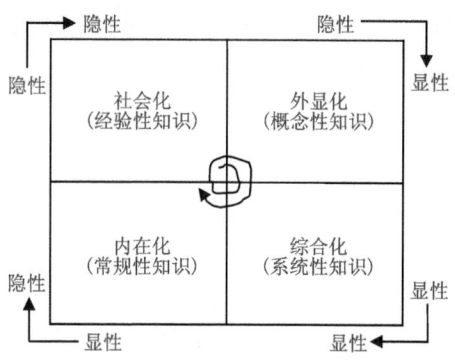

图3-10 组织学习的SECI知识转化图③

---

① ANSELL C K, Bartenberger M. Varieties of experimentalism[J]. Ecological Economics, 2016, 130, 64-73.

② 竹内弘高,野中郁次郎. 知识创造的螺旋:知识管理理论与案例研究[M]. 李萌,译. 北京:知识产权出版社,2005.

③ NONAKA I, TAKEUCHI H. The knowledge-creating company: how Japanese companies create the dynamics of innovation[M]. New York: Oxford University Press, 1995.

过试验促进知识生产,既要从不断试错中积累经验教训,也要从混沌、繁杂的经验中提炼新概念,从各地分散化试点创新中整合、建构系统性知识,并发挥专家作用生产常规性知识。

面对一项极具挑战性的政策新问题,目标不确定性、选项不确定性、结果不确定性和效果不确定性都处于高位状态,各方行动者陷入急于改变现状又无计可施的治理困境当中,迫于生存压力的利益相关者不再坐以待毙,自发引入试验学习路径,开展社会自发型试验,试图通过不断试错寻找出路,在实践中边做边学,积累经验性知识,深化对政策问题的理解。如果社会自发型试验取得显著成效并成功引起当地决策者的共鸣,决策者将加速推进社会问题进入正式政策议程,对现实问题予以回应。由于决策者在此阶段对政策议题的认知还十分有限,政策目标和路径都处于模糊状态,将选择向政府系统外部拥有问题解决经验的行动者学习新思路、新理念,开展政社合作型试验,发展新的概念性知识。作为地方层面自主开展的试验,社会自发型和权威倡导型试验生产的知识在尚未得到高层决策者认可时,影响力都很有限,但并非毫无意义的,一旦掌权者更新政策理念,认同试验产出的知识,便将其作为支持改革主张的重要依据。

在高层决策者学习接受地方提供的新概念,明确改革目标后,将启动权威倡导型试验,构建概念驱动的试验探索和创新学习机制,鼓励试点地方发挥创造力和行动力,积极创新用于实现政策目标的政策选项。高层级政府通过对各地平行试点创造的地方性知识进行整合、再建构,生产结构化的系统性知识,制定一揽子政策安排。随着政策议题的目标不确定性和选项不确定性得到化解,政策试验进入微观技术层面,用于测试技术工具的效果。考虑到在此阶段改革风险较小、决策所需的知识专业性较强,决策系统将试点实施权委托给特定专业领域的专家行使,开展专家受托型试验,生产操作性知识,为决策者提供基础事实和因果推论。此后,政策过程进入稳定阶段,如果在此过程中出现新的政策问题,政策规定面临新的调整,目标不确定性、选项不确定性、结果不确定性和效果不确定性将再次凸显,政策试验的模式转化进入下一个新的循环过程,如图 3-11 所示。

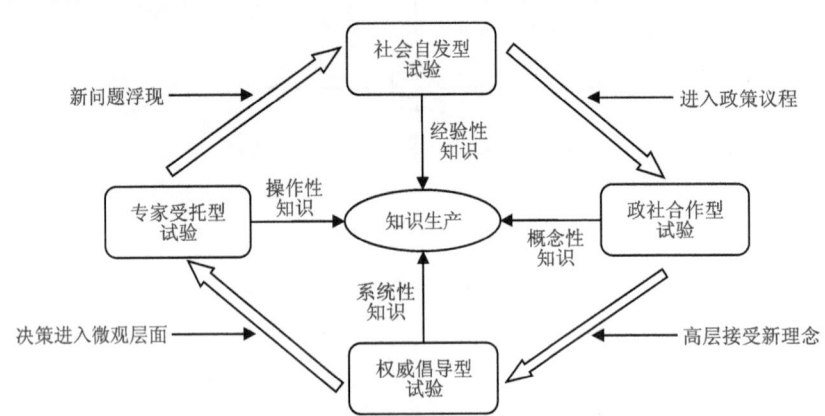

图 3-11 政策试验的模式转化与知识生产

政策试验的四种模式构成了政策知识生产的连续体,形成了一个完整的循环过程。针对一项各类不确定性凸显的政策议题,政策制定一般会完整地经历这四类模式,逐步积累政策知识,深化政策认知。值得注意的是,并非所有政策制定都涉及这四种组织模式。对于一项目标、选项、结果和效果都不确定的政策议题,如果社会自发型试验或政社合作型试验未能获得有价值的知识用于确定政策方向,政策行动者的知识需求未能得到很好的满足,就难以推进政策试验进入后续阶段,生产其他类型的知识。对于一项重大政策议题,如果高层决策者凭借已有的知识储备就能确定政策目标,则会跨越社会自发型试验和政社合作型试验,直接组织权威倡导型试验,创新可行的政策选项,降低试验成本,提高知识生产效率。

第四章 农村土地产权制度改革的早期探索

土地问题是中国农村最基本的问题,土地制度是农村经济制度体系的基础,直接关系到农业生产组织形式、农村经济进步以及社会稳定和谐。农村土地产权制度作为农村土地制度的核心,对农民生产行为和积极性以及农业生产力的发展具有直接影响。为适应经济社会发展需要,自中华人民共和国成立以来农村土地产权制度经历了多次变迁,直至 20 世纪七八十年代实现重大制度突破,形成了集体拥有所有权、农民以家庭为单位拥有承包经营权的基本制度。在此过程中,政策试验持续推进政策创新,发挥了重要的改革驱动作用。目前,有关农村土地产权制度改革的研究主要局限于政策梳理和事实罗列,缺乏从特定理论视角对历史经验展开系统分析。本章运用政策试验的"组织模式与知识生产"框架,对农村土地产权制度的改革创新历程进行分析,追溯改革的特定历史背景,并着重分析包产到户的早期试验探索,剖析在目标高度不确定的情境下政策试验是如何促进知识生产、增进政策认知,进而推动政策创新的。

第一节 社会自发型试验:包产到户的兴起

中华人民共和国成立后,以"耕者有其田"为目标,中国共产党积极推进土地改革,通过强制性制度变迁,废除地主阶级封建剥削的土地所有制,实行农民的土地所有制,将土地所有权从封建地主手中转移到农民手中①。此后三十年间,中央持续对农村土地产权制度进行调整,致力于增加农业积累,服务于国家工业化战略,虽然实现了农业的集体化,但并未解决农产品供给不足、农民生活困难、城市粮食短缺等重大问题,这不仅影响了国民经济整体发展,还引发了一系列社会矛盾。在这三十年里,一些农民为了增产增收、改善生活条件,在政府规定的政策安排之外,自发在实践中探索提高农业生产经营效率的出路,先后出现了三次包产到户试验浪潮。

一、包产到户试验的"三起三落"

1. 高级社阶段包产到户试验萌发

在农业合作化运动的高级社阶段,农村土地产权制度经历了重大变革,从原来初级社

---

① 段永林,阎树恒,阎志才.中国革命史[M].长春:东北师范大学出版社,1987.

段的农地私有、集体经营,转变为农地集体所有、集体经营,农民的私有产权和家庭经营权完全被取消,生产积极性被严重挫伤,出现了农业生产活动无序、经营效率低下、组织管理混乱等问题。面对这种情况,一些地区为了克服合作化弊端,提高农民生产积极性和责任心,开始自发尝试改变生产经营模式,探索不同形式的包产到户办法,将生产责任制落实到每户社员身上。高级社阶段不同地区包产到户试验如表4-1所示。

表4-1 高级社阶段不同地区包产到户试验①

地区	农业社	试验措施
浙江永嘉	燎原社	生产队为劳动组织基本形式,劳动定额与劳动报酬按季逐件计算到丘,农忙时包产到组,平时包产到户
广西环江	希远社	大宗作物统一经营,小作物下放到户,谁种谁收
四川江津(现重庆江津)	六村二社、十村一社、二社	按照各户劳动力和人口情况,将合作社的田土、肥料、种子分给每户社员,由各户负责生产所得,根据生产计划按比例缴纳公粮、统购粮和一部分公积金
广东顺德	勒竹社	三包到户(包工、包产、包成本),土地抽签归户使用
广东中山	镇南第一农业社	三包到户,地跟人走

根据文献记载,包产到户最早于1956年出现。在这之前,一些地方已经开展了包工的试验,经实践发现效果不佳,需要进一步包产,于是尝试生产队向农业社包,发现绩效不佳后又尝试作业组向生产队包,成效也不显著,便改为更加彻底地包工包产到户②。浙江省永嘉县的包产到户试验在当时产生了较大影响。针对社员干活拣轻避重、出工不出力、生产态度消极的情况,三溪区燎原社在1956年率先开展包产到户试验,尝试平时包产到户,农忙时包产到组,将生产责任制贯彻到每个社员身上,落实增产指标。燎原社社员在试验中"边做边学",及时观察、总结试验效果,得出包产到户责任制具有"六高、六好、六快、三省、六少"五个方面的积极效应③。燎原社包产到户试验取得显著成效后,不仅引起永嘉县其他农业社大规模学习,温州专区其他各县也纷纷学习效仿,竞相试行包产到户。

与此同时,广东顺德、广西环江、江苏江阴、湖北宣恩、陕西城固、河南沁阳等地农民也都尝试探索了不同形式的包产到户,致力于解决生产队与社员之间责任不清、社员在农业劳动中消极怠工等问题。这一时期包产到户试验在各地取得了良好成效,实现了增产增收,也得到了广大农民的拥护,但是它作为一种经济组织、生产方式的变动,事关社会主义道路、方向等重大问题,在中央高层并没有达成共识,随时面临被叫停的风险。在当时,针对包产到户的

---

① 何成.生产组和社员都应该"包工包产"[N].人民日报,1956-4-29.
② 杜润生.杜润生自述:中国农村体制变革重大决策纪实[M].北京:人民出版社,2005.
③ 戴浩天.燎原火种:1956年永嘉包产到户始末[M].北京:新华出版社,2002.

争论主要是哪种责任制更好,争论各方可公开表达意见,只是作为人民内部矛盾处理。然而,到1957年中期,相关争论出现转折,包产到户上升为被批判和打倒的对象①。具体而言,1957年7月,《浙南大众报》刊登题为《打倒包产到户,保卫合作化!》的文章,抨击包产到户挂着社会主义的牌子,走资本主义道路。该文章指出了包产到户的十项危害。在舆论批判中,永嘉包产到户试验被视为典型的农村右倾路线错误,自发开展试验的农民和支持试验的基层干部受到了严厉批判。同年9月,中共中央发出《关于严肃对待党内右派分子问题的指示》(以下简称《指示》)。随后,浙江省委、温州地委按照《指示》,对永嘉包产到户试验相关人员进行批判和斗争②。与此同时,全国各地闹社、退社以及各种形式的包产到户试验都被定性为自发的资本主义倾向,被明令禁止。

2. 人民公社早期包产到户试验再次兴起

1958年匆忙建立的人民公社体制,在生产、生活、管理和分配安排上都不适应当时的生产力发展水平,不仅影响了生产效率,还严重损害了农民利益。在此情境下,农民迫于生计压力又一次行动起来,自发寻找适合生产力发展、维护自身利益的生产经营方式。为了抵制"一大二公"的人民公社体制,改变"大呼隆"式的生产管理模式造成的窝工、费工现象,湖北潜江、陕西渭南、甘肃武都、河南新乡和河南洛阳等地的农民在1958年11月至1959年7月间趁中央调整人民公社各项政策之机,再次冒险自发开展包产到户试验③,探索形成了多样化的试验措施,如表4-2所示。

表4-2 人民公社早期各地包产到户试验④

地区	生产队	试验措施
湖北潜江	心合社所有生产队	"田间管理分到户"的生产责任制
陕西渭南	西北村生产队	"五定"责任制(定任务、定地块、定措施、定时间、定工分),强化每户的生产经营责任
甘肃武都	红石生产队	按照劳动力将土地、车马、农具固定到户,也有一些生产队尝试把全部或大部分农活包工到户
河南新乡	部分生产队	"包工到户,定产到田,个人负责,超产奖励"的田间管理措施
河南洛阳	部分生产队	包工包产到户,以产定工,产工一致,全奖全罚,三年不变

与高级社时期相比,人民公社早期的包产到户试验范围进一步扩大,在湖北、湖南、河南、陕西、甘肃、江苏等省份都有农民自发探索包产到户的新做法、新举措,积累了一些新经验。然而,在1959年8月庐山会议后,包产到户试验被中央高层认为是右倾机会主义在农村地区

---

① 马国川.共和国部长访谈录[M].北京:生活·读书·新知三联书店,2009.
② 中共十一届三中全会后,被错误处理的永嘉包产到户试验当事人陆续被平反。
③ 贾艳敏.农业生产责任制的演变[M].镇江:江苏大学出版社,2009.
④ 徐勇.包产到户沉浮录[M].珠海出版社,1998.

的重要表现,再次遭到猛烈批判。同年10月,中共中央相继批转农业部(现农业农村部)党组《关于庐山会议以来农村形势的报告》、江苏省委《关于立即纠正把全部农活包到户和包产到户的通知》,抨击农村地区的包产到户试验是"一股右倾的邪气、歪风",是"猖狂地反对社会主义道路的逆流",坚决予以制止和打击①。

当时,中央在内部通过批示连续讨伐包产到户试验后,又通过国家级主流媒体报刊进行公开批判。1959年11月2日,《人民日报》发表评论员文章,批判湖北、江苏、河南等地的包产到户试验,认为它们改变了所有制体制,使公有制滑向了个体所有制,是"毒草,必须连根拔掉,通通烧毁,一个'点'也不许留"②。12月14日,《光明日报》发表题为《"包工包产到户"是右倾机会主义分子在农村复辟资本主义的纲领》的文章,指出包工包产到户会导致农村地区资本主义复辟,必须予以制止③。这一轮试验很快在各方揭发、反对中偃旗息鼓。

3. 三年困难时期变相包产到户试验

庐山会议后,各地包产到户试验在中央严厉批判下走向夭折。仅仅时隔一年,在全国性大饥荒的背景下,广东、广西、河南、安徽、湖南等一些生产力遭严重破坏地区的农民面对严峻的生存危机,在中央高压禁令下又秘密自发开展包产到户试验进行自救,以求解决粮食短缺问题,如表4-3所示。为了尽可能降低试验风险、避免中央直接叫停,这些地区不再大刀阔斧地直接划分土地下放到户,而是采取变通措施,将小范围的低产田、冬闲田、山田、远田等地块以借、租等形式分配给农户使用,并且不再直接将这些试验措施称为包产到户,而是使用其他更为隐晦的概念命名。

表4-3 三年困难时期各地包产到户试验④

省份	试验措施
广东	"就地分粮":低产田按地确定产量标准,分给每户社员耕种
广西	将山田、远田、坏田分到户,规定谁种谁收
河南	"借地":每人可借地5分至1亩不等,借期为3到5年,借出土地占20%左右
安徽	"定产到田,责任到人"
湖南	暗分明不分的包产到户:以户为单位开展生产,摊派成本,生产队不制定统一的生产计划,不进行统一的劳力调配,不实施统一的收入分配,赋予农民自主经营权

在三年困难时期,安徽、湖南还兴起了"单干风"。1961年初,安徽一些社队受宿州农民刘庆兰作为集体农业社之外的"自由民"上山开荒获得丰收的事迹启发,试行"定产到田,责任到

---

① 丁龙嘉.改革从这里起步:中国农村改革[M].合肥:安徽人民出版社,1998.
② 本报评论员.揭穿包产到户的真面目[N].人民日报,1959-11-2.
③ 郑庆平."包产到户"是右倾机会主义分子在农村复辟资本主义的纲领[N].光明日报,1959-12-14.
④ 贾艳敏.农业生产责任制的演变[M].镇江:江苏大学出版社,2009.

人"即"责任田"的做法,其实质是允许农民单干,受到了农民的欢迎①。湖南的"单干风"在1961年春耕生产时、秋收时以及1962年春耕生产时反复出现,社员普遍要求包产到户和分田到户,而且呼声很高,部分生产队为满足社员要求,实行了暗分明不分的包产到户。在这些生产队里,以户为单位开展生产,摊派成本,生产队不制定统一的生产计划,不进行统一的劳力调配,不实施统一的收入分配,赋予农民自主经营权,减少农民对土地集体所有的抵制和不满,调动了农民的生产责任心和积极性②。

1962年,在国家经济形势和粮食供应情况有所好转的背景下,面对各地兴起的"单干风"和变相的包产到户试验,中央再次收紧政策,要求地方派出得力干部改变情况,一方面做好解释说服工作,另一方面切实帮助农民搞好农业生产③。在中央的强压下,安徽、贵州、广西等省(区、市)纷纷下发文件,批判包产到户的做法,认为包产到户是从集体到单干的退步,其结果将是削弱和瓦解集体经济,走资本主义道路,因而责令各地立即改正这一做法。1962年中国共产党第八届中央委员会第十次全体会议以后,中央对包产到户展开了更为严厉的批判,导致包产到户试验再一次夭折,受到牵连者多至400万人④。

二、社会自发型试验与经验性知识生产

社会自发型试验是在政策问题处于混沌状态、改革目标高度不确定的情境下,利益相关者为了维护自身权益率先自发行动起来,在小范围内开展创新探索、积累经验教训,逐渐认清问题、明晰问题解决思路的过程。包产到户是农民群体为提高粮食产量、改善生活条件而不懈努力的结果,其发展经历了一段曲折的试验历程,具有共同信念的农民群体经过探索性溯因分析和持续性反思调适,生产、积累了丰富的经验性知识,为之后触发农村改革、确立家庭联产承包责任制奠定了基础。

1. 确认共同信念

当一项政策问题对一部分社会行动者造成困扰、严重损害了他们的个人利益,而他们受制于现有的认知水平无法清晰界定问题和提出问题解决方案时,这些行动者会寻找与自身持相同信念和政策期望的人聚集起来组成联盟,通过试验途径共同探索摆脱困境的出路,形成社会自发型试验。从包产到户试验的"三起三落"中可以看到,在问题倒逼下,渴望农业增产增收、改善生活条件的农民,具有强烈的试验动机探索提高农业生产经营效率的有效路径,并且在共同信念的驱使下组织集体行动。

首先是问题倒逼,产生试验动机。社会自发型试验最直接的动力来源于现实问题倒逼,当新问题损害自身利益时,利益相关者急于通过试验实践找到问题解决方案,维护自身利益。

---

① 安徽省经济文化研究中心,安徽省政协文史资料委员会.1961年推行"责任田"纪实[M].北京:中国文史出版社,1990.
② 贾艳敏.农业生产责任制的演变[M].镇江:江苏大学出版社,2009.
③ 赵紫阳.关于当前农村政策问题的一封信(1980年6月19日)[M]//黄道霞.建国以来农业合作化史料汇编.北京:中共党史出版社,1992.
④ 凌志军.历史不再徘徊:人民公社在中国的兴起与失败[M].北京:人民日报出版社,2011.

农业合作化以来的三轮包产到户试验浪潮,都是危机状态下农民应激反应的结果,而不是理性规划设计下开展的试验行动,如图 4-1 所示。在农业合作化时期的高级社阶段,农民土地集体所有制取代了农民私有制,对此,农民一方面因失去支配土地的自主权颇有怨言,另一方面对农业生产合作社混乱的管理秩序和低下的生产经营效率感到不满,选择行动起来,试行一包到底的包产到户责任制。在这之后的两轮包产到户试验,则是农民在更为严峻的生存危机压力之下采取的冒险之举。

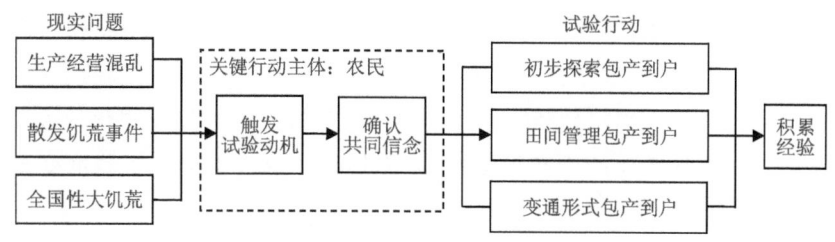

图 4-1　问题倒逼的三轮包产到户试验

其次是确认信念,组织集体行动。根据倡导联盟框架,持有共同信念的行动者可组成倡导联盟,开展长期协调与合作,致力于将联盟信念和价值主张转化为政策安排①。社会自发型试验是利益相关者在经过沟通,确认彼此对政策问题和政策愿景持相同看法的基础上,采取的集体行动。农业合作化以来,面对土地产权关系模糊、土地资源配置效率低下、农业生产秩序混乱、农民生活困难等一系列新问题,不论是高层决策者还是普通农民群众都缺乏解决问题的必要经验,难以预估未来发展形势及后果,处于极端不确定状态。在此情境下,高层决策者与农民群众对于政策导向存在巨大分歧,中央高层以苏联为学习对象,将"集体所有,共同劳动,计工计酬,统一经营"作为改造农村的基本追求,主张通过调整劳动组织和管理方式、加强生产秩序来解决现实问题,而一些地方具有改革创新精神的农民则认为只有包产到户才适合当时的农村生产力状况,能够真正解决农村问题。因此,全国各地支持包产到户的农民形成了事实上的联盟,自发组织试验行动。由于包产到户的做法没有在中央决策层取得共识,这三轮试验最终走向夭折。

2. 探索性溯因分析

对于一项新的政策问题,如果政策行动者知识积累有限,无法理性分析、精准把握问题出现的原因,难以确定政策目标,而政策问题又亟待解决,就会先基于自身不完整的知识体系构思一个可能的问题解决思路,初步设想政策目标,在局部实践中探究这一思路的可行性,再根据实践反馈不断反思问题出现的原因,持续调整思路和目标设定。面对农业生产效率低下、粮食供给不足等问题,农民尝试运用自身有限的经验分析原因,初步提出应对思路,在实践中检验思路能否有效解决问题,经过三轮试验探索,越来越多农民认定包产到户是调动生产积极性、提高粮食产量的有效路径。

---

① 保罗·A.萨巴蒂尔.政策过程理论[M].彭宗超,钟开斌,译.北京:生活·读书·新知三联书店,2004.

具体来看，首先，农民通过溯因推理，设想问题解决思路。溯因推理始于观察到一个新现象，在无法用现有知识理解或解释时，尝试反推其原因，发挥创造力生成可能解释这一现象的猜想，再在实践中不断对猜想进行检验、评估和改进，最终获得恰当的解释①。农业合作化以来，农民群众面对粮食产量低下、生活贫困等问题，不断反思问题出现的原因，试图找到有效的解决路径，详见表4-4。然而，缺乏农业集体化经验的农民受制于问题认知水平，在很长一段时间内认为这些问题是一些具体政策安排、经营管理模式及部分干部作风导致的。因此，在三轮包产到户试验浪潮中，各地农民专注于探索土地等生产资料的分配和管理方式，创新了多样化的包产到户措施，但这些只是对集体化体制的改良，生产力水平低下等问题并没有得到根本解决。在这之后小岗村创新的包干到户才真正触及了高度集中化的人民公社体制，使农民实际上获得了集体土地的生产经营权，有力推动了农村土地产权制度变革，极大地解放和发展了生产力。

表 4-4　包产到户三轮试验中的溯因分析

试验轮次	溯因分析	对策安排	
		拟定的政策目标	设想的政策思路
高级社时期的试验	合作社粗放的生产管理模式导致生产责任不清、劳动效率低下	恢复农业生产活动秩序，提高经营效率	改变生产经营模式，将生产责任制落实到每户社员身上
人民公社早期的试验	人民公社体制在生产、生活、管理、分配安排上不适应生产力发展水平	改变"大呼隆"式的生产管理模式造成的窝工、费工现象	田间管理包产到户
三年困难时期的试验	农业集体生产效率低下	应对饥荒，解决粮食短缺问题	将小范围的低产田、冬闲田、山田、远田等以借、租等形式分配给农户使用

之后，农民组织专题学习，探究思路可行性。经溯因分析初步提出的问题解决思路有赖于通过试验检验其可行性，其最终目的不是检验一般理论，而是随着时间推移持续观测、评估目标实现情况，学习探究政策思路的可能性和局限性，根据情况不断调整优化思路。针对农业减产、生活贫穷等现实问题，农民并不是在一开始就找到了包产到户作为问题解决路径，而是在试行包工包产到队、包工包产到组之后发现效果不佳，社员只关心赚工分，并不关心社里的农业生产，生产状况依然十分混乱，才进一步尝试了更为彻底的包产到户责任制。各地在试行不同形式的包产到户时，通过观察社员劳动积极性、生产活动秩序以及增产增收情况等

---

① SÆTRE A S, VAN DE VEN A. Generating theory by abduction[J]. The Academy of Management Review, 2021, 46(4): 684-701.

3. 持续性反思调适

社会自发型试验是一种具有迭代特征的动态创新过程，它从不完整的知识体系中触发灵感，先设计政策目标和用于实现这些目标的政策思路，进行试验检验，再根据试验反馈发现问题、反思经验教训，对政策目标和思路进行修正，开始新一轮试验，在经过多轮试验积累大量经验性知识后，试验行动者的政策认知持续深化、政策目标逐渐清晰、政策思路逐步优化[1]。由此可见，社会自发型试验通过反思教训，内化经验性知识，以及应用经验，动态调整试验行动这两个方面，实现政策目标和思路的迭代调适。在包产到户试验中，农民群众就是通过每一轮试验从实践中受教育，逐步提高自身的思想认识，为之后创新包干到户、触发农村土地产权制度改革奠定了基础。

首先，反思教训，内化经验性知识。对于社会自发型试验而言，及时发现问题、反思经验教训是渐进深化政策认知、推进政策思路持续得到优化的关键，包括对以往的试验经验和其他行动者的试验实践这两方面进行反思。从历时性角度来看，通过三轮包产到户试验，广大农民和基层干部积累了丰富的经验教训，对包产到户形成了更为清晰的认知，逐渐确认包产到户是适合农村生产力发展水平的制度安排，是值得追求的改革方向。从共时性角度来看，每一轮试验中各地农民群众分散自主探索，创新形成了"三包到户，地跟人走"、"田间管理分到户"、"五定"责任制、"定产到田，责任到人"等多样化的政策措施，观察、判断这些措施的实际效果，积累了丰富的包产到户实施经验。但是由于各地试验是基层群众自发组织的，缺乏上级统筹管理，在实践中产出的新信息、新知识无法得到充分的交流和整合提炼，更多是在个体层面内化分散的经验性知识，增进对政策问题及对策的认识。

其次，应用经验，动态调整试验行动。各地农民从试验探索中汲取经验教训，并将经验应用于之后的试验行动，持续调整优化包产到户措施。历史地看，农民为提高粮食产量，尝试创新劳动组织和管理方式，最早试行的是包工包产到队、包工包产到组，经实践发现效果不佳后，转而探索包产到户。每一轮包产到户试验都在上一轮基础上有所调整，呈现出差异化的特点，如图4-2所示。在高级社时期，只是少数地区的农业生产合作社初步尝试包产到户试验，采用的方式相对保守，例如浙江永嘉燎原社实行"农忙时包产到组，平时包产到户"。人民公社早期，试验范围扩大，大部分地方都兴起了更为精细化的田间管理包产到户，更加有计划、有秩序地组织农民开展生产活动。三年困难时期，一些地区为了确保生产自救，吸取前两轮试验的经验教训，采用租、借等变通形式将小范围的低产田、冬闲田等分给农户使用，并且使用更隐晦的概念命名试验措施，尽可能降低试验风险，防止被中央直接叫停。

---

[1] DE WILDT-LIESVELD R, BUNDERS J F G, REGEER B J. Governance strategies to enhance the adaptive capacity of niche experiments[J]. Environmental Innovation and Societal Transitions, 2015, 16: 154-172.

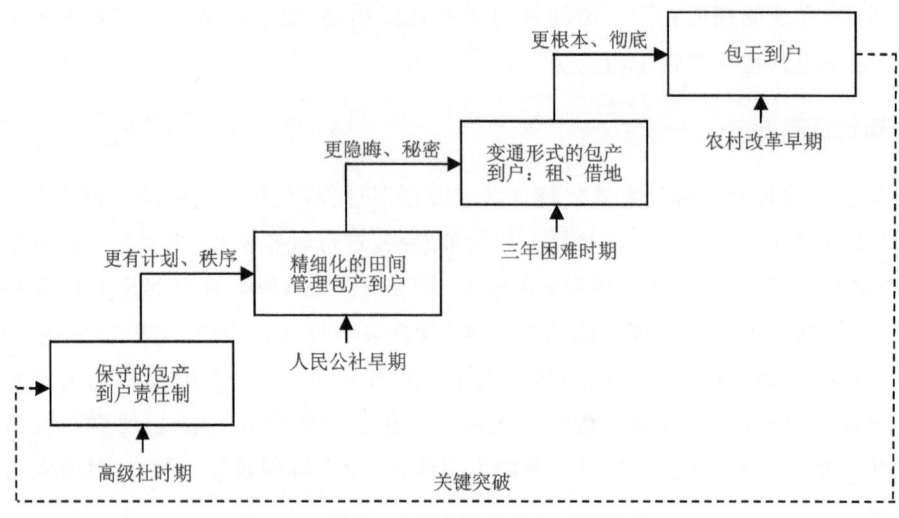

图 4-2　农民自主探索包产到户的调适行动

第二节　政社合作型试验：包产到户的推广

20 世纪五六十年代，各地农民自发实施的包产到户试验由于缺乏政治权威的支持，对政策体系的影响力有限。直到 20 世纪 70 年代末 80 年代初，小岗村包干到户试验在安徽各级政府以及中央高层的支持下逐渐合法化，之后产生了势不可挡的扩散效应在较短时间内推广到全国各地，成为农村土地产权制度改革的先导。对此，杜润生指出，一种关系大局的制度形成，需要群众创新加上政治组织支持这两方面的因素共同发挥作用。这就是为什么 20 世纪 60 年代有 20％到 30％的生产队已实行包产到户，却未获成功，而 80 年代的改革就能风行全国，从而振兴了农业①。安徽的历史经验表明，政治组织的支持是改革创新成功的关键，如果 20 世纪七八十年代安徽各级政府没有选择大胆支持农民开展包产到户试验，中央高层政治思想路线没有发生变化，基层试验创新也依然难以产生影响力，无法走向合法化、制度化②。回顾安徽政社合作开展包产到户试验的历程，可以看到大致经历了各级领导干部鼓励支持、正式合法化、中央推广扩散三个阶段的发展和深化。

一、安徽支持农民创新

中国的改革起步于农村，农村改革又始于安徽。之所以包产到户试验在安徽取得成功并最终得到中央支持，成为农村土地产权制度改革的突破口，并不是偶然的。在 20 世纪 60 年代初，安徽省委领导班子就听取农民诉求，支持包产到户试验，致力于调动农民生产积极性、提高粮食产量，为包产到户的生长和发展创造了空间③。具体来看，安徽省委领导先后支持

---

① 杜润生. 杜润生自述：中国农村体制变革重大决策纪实[M]. 北京：人民出版社，2005.
② 周其仁. 信息成本与制度变革[N]. 经济观察报，2006-07-17.
③ 吴象. 中国农村改革实录[M]. 杭州：浙江人民出版社，2001.

"责任田"形式的包产到户试点、"借地度荒"名义的包产到户试点,以及包干到户试点,几经波折终于赢得中央高层的支持,为之后确立家庭联产承包责任制奠定了基础。

1. 以"责任田"形式试行包产到户

自 1959 年开始,安徽农村经济面临崩溃,农民严重缺粮,社会出现动荡,省委领导设法在困境中寻找出路。1961 年 2 月初,时任安徽省委第一书记曾希圣在蚌埠召开地市委书记会议时,从副省长张祚荫的汇报中了解到,当时宿县褚兰公社农民刘庆兰自发上山开荒种地取得大丰收,从 1958 年起每年都给生产队交粮食,从开始 700 公斤增加到 1600 公斤,与山下生产队耕地减少、产量下降形成鲜明对比。曾希圣在此启发下,组织人员对 50 年代包工包产经验进行总结,提出在安徽尝试"按劳动底分承包耕地,按实产粮食计工分"的联产到户责任制(简称"责任田"),其实质是包产到户,之后选择合肥蜀山公社井岗大队南新庄生产队作为试点单位①。

1961 年 2 月下旬,曾希圣组织省委工作人员组成工作组前往南新庄与农民合作开展试点。工作组进村后以个人访谈、组织召开群众会、队委会的方式,收集农民群众对于发展生产、改善生活的意见,了解农民的真实想法,指导试点工作。工作组经过逐人逐户交谈、逐田察看、逐项讨论,整理试点信息汇报给曾希圣。曾希圣结合情况汇报和实地调研,决定实施"责任田"试点②。3 月 6 日,省委召开会议对南新庄试点经验进行总结,作出扩大试点范围的决定。对于扩大试点,曾希圣强调各级领导要亲自抓点,取得直接经验,并且要坚持自愿原则、不搞一刀切,由农民群众自主决定是否试点,同时要有意识地保留一些社队实行老办法来做比较,看哪种方法好③。

1961 年 3 月 8 日,曾希圣前往广州参加中央工作会议,在会议期间,寻找契机向毛泽东汇报安徽"责任田"试点情况,毛泽东给予正面回复:"你们试验嘛,搞坏了检讨就是了。"曾希圣立即通知安徽省委可以继续开展"责任田"试验。省委当晚就下达通知,布置各地市县全面推行"责任田"④。然而在会议后期,安徽有人民来信反映"责任田"给不会犁田、育秧的困难户造成很多困扰。毛泽东看了这些材料后,对"责任田"产生疑虑,要求"责任田可以在小范围内试验"。会后,曾希圣要求安徽省委办公厅根据毛泽东指示精神,下发通知停止推广"责任田"⑤。

为了进一步争取政治支持,1961 年 7 月,曾希圣在毛泽东途经蚌埠时,再次着重汇报了"责任田"试点情况,此次毛泽东表示可以普遍推广。曾希圣随即加快在省内推广"责任田"试

---

① 丁龙嘉.改革从这里起步:中国农村改革[M].合肥:安徽人民出版社,1998.
② 范晓春.改革开放前的包产到户[M].北京:中共党史出版社,2009.
③ 金玉言.责任田是救命田[M]//中共安徽省委党史研究室.安徽农村改革口述史.北京:中共党史出版社,2006.
④ 王光宇.关于责任田[M]//中共安徽省委党史研究室.安徽农村改革口述史.北京:中共党史出版社,2006.
⑤ 陆德生.安徽责任田的兴衰[M]//中共安徽党委党史研究室.安徽农村改革口述史.北京:中共党史出版社,2006.

点,到 1961 年底,91.1%的生产队实施了"责任田"①。12 月,毛泽东对农村问题已有定见,对"责任田"的态度发生了根本性变化,在无锡同曾希圣谈话时明确提出"包产到户这事,不可干",透露出即将叫停"责任田"的信号②。1962 年 1 月,中央召开扩大的工作会议,对"责任田"试验进行批判,认定曾希圣犯了方向性错误,对其进行撤职处理。1962 年 3 月,改组后的中共安徽省委立即根据中央精神改正"责任田"。

2. 以"借地度荒"名义实施包产到户试点

"责任田"试验虽然最终因为没能得到中央的支持而夭折了,但是这一思想理念对安徽领导干部和基层群众产生了深刻影响,到了改革开放时期,又在新的政策环境下破土重生,迅速发展起来。1977 年,安徽作为农业大省,率先破除农业上的"左"倾错误,开始农村改革。1977 年 11 月,安徽省委在学习 20 世纪 60 年代"责任田"试验经验以及反复征求群众意见的基础上,通过并实施《关于当前农村经济政策几个问题的规定》(简称"省委六条"),改变原有的农村经济政策,允许生产队根据自身情况实行责任制,可以组织作业组,可以责任到人,在思想方面具有开拓性和创新性③。邓小平对此大加赞赏,表示:"农村的路子要宽一些,思想要解放。还是原来的老概念,不解决问题。要有新概念,只要所有制不动,怕什么。"④

1978 年夏秋之交,安徽遭遇百年罕见的特大干旱。为全力抗旱、减灾救灾,9 月 8 日,时任省委第一书记万里主持召开省委常委紧急会议,决定"借地度荒"。这一政策既冲击了"左"的错误,也突破了人民公社体制,为包产到户试验再次兴起创造了宽松的政策氛围。肥西山南公社馆西大队小井庄生产队的农民就因为人际关系复杂、难以分组借地,直接将田地分到社员各家各户,使"借地度荒"演变为包产到户。随后,在山南区委和公社干部的默认下,全区 7 个公社都学习小井庄的做法,以"借地度荒"的名义试行包产到户。

肥西山南包产到户试验发生于农民群众与政府官员的互动合作之间,经历了从山南区委、肥西县委、六安地委到安徽省委逐级传递的政策确认过程⑤。1979 年 2 月,安徽省委派工作组前往山南宣讲十一届三中全会精神和实地调查包产到户情况,了解到群众对中央文件规定"不许包产到户"意见很大:"上边让我们解放思想,可中央的思想还没有真正解放!一方面强调生产队自主权,另一方面却规定两个不许。我们要求包产到户,如果这个禁区不突破,农村就没有希望。"工作组根据群众意见整理形成了《农民普遍要求包产到户》的调查材料,汇报给省委领导。万里主张允许山南公社开展包产到户试验,秋后总结试验经验,判断成败⑥。

在安徽省委的支持下,山南公社成为全县、全省乃至全国第一个公开试行包产到户的公

---

① 李凌.史海回眸:毛泽东对包产到户的态度[N].南方周末,2003-07-25.
② 金玉言.安徽土地改革和农村早期改革的一些情况[M]//中共安徽省委党史研究室.安徽农村改革口述史.北京:中共党史出版社,2006.
③ 武力.中华人民共和国经济史:1949—1999[M].北京:中国经济出版社,1999.
④ 陆勤毅.安徽农村改革[M].合肥:安徽文艺出版社,2011.
⑤ 赵树凯.从改革经验看乡村振兴[J].中国发展观察,2018(17):39-47.
⑥ 王立新.要吃米找万里:安徽农村改革实录[M].北京:北京图书馆出版社,2000.

社①。不久,肥西县其他生产队纷纷学习效仿山南公社,不到一个月全县40%的生产队都开展包产到户试验。试验一经公开,既得到了众多拥护也遭到了不少反对,有人指出"包产到户是方向性路线性错误"。面对压力,以万里、王光宇为代表的省委领导始终坚定地支持并及时指导试验,使试验得以稳定开展。从试验成效来看,各地实施包产到户前后生产、分配情况变化显著。1979年夏季山南公社取得了大丰收,集体和私人共种小麦1.9万多亩(1亩≈666.67m^2),总产量达500万斤(1斤=500g),与往年相比增加了300多万斤。1979年长岗公社的具体情况如表4-5所示。年终结算时,肥西县相较于上一年粮食增产13.6%,向国家交售粮食(扣除回销数)是1978年的3倍,比历史最高的1976年还高出36.9%②。

表4-5 肥西县长岗公社包产到户前后生产分配对比表③

队别	粮食生产（斤）			人均口粮（斤）			人均收入（元）		
	1979年	与1978年比	与最高年比	1979年	与1978年比	与最高年比	1979年	与1978年比	与最高年比
东圩队	129 570	+94.7%	+3.1%	968	+86.6%	+22.8%	139	+101.4%	+33.6%
西圩队	125 768	+259.3%	+39.7%	1097	+317.1%	+82.8%	138	+245%	+81.5%
小庄队	70 806	+136%	−0.6%	783	+205.8%	+33.8%	117	+317.8%	+105.2%
合计	326 144	+148%	+13.6%	961	+177.2%	+48%	133	+182.9%	+66.2%

3. 从包产到户到包干到户试验

在安徽省委正式批准肥西山南公社包产到户试验几个月后,凤阳县梨园公社小岗生产队的农民为了生存下去,在明知违反中央政策规定的情况下,秘密试行比包产到户更为彻底的包干到户,开启了具有里程碑意义的农村土地产权制度改革。相比而言,包产到户是改良性质的变革,农民以户为单位,从集体承包土地,实行联产计酬,它没有对集体经济体制进行否定,而是坚持集体所有、统一计划经营,变革劳动组织、评功计酬等管理形式,并未触及农村土地产权制度安排。而包干到户是农户与生产队签订有关权利、责任和利益的承包合同,向集体承包土地,自行安排一切生产和经营活动,之后按照合同上缴国家的征购任务,交足集体的提留,自己保留剩下部分。由此,农民获得了土地承包经营权和集体的生产经营权,并且部分

---

① 窦永记.起点:中国农村改革发端纪实[M].合肥:安徽教育出版社,1997.
② 丁龙嘉.改革从这里起步:中国农村改革[M].合肥:安徽人民出版社,1998.
③ 中共安徽省委调查组.安徽省肥西县包产到户情况汇报[M]// 黄道霞.建国以来农业合作化史料汇编.北京:中共党史出版社,1992.

地拥有了剩余索取权,对农民而言具有更强的吸引力①。

凤阳县是安徽省的落后县,梨园公社是凤阳县最穷的公社,而小岗生产队又是梨园公社的穷队之一。20世纪六七十年代,小岗生产队的农业生产十分落后,农民生活非常穷困。1978年秋,梨园公社实行"联产计酬"的"大包干到组",小岗生产队按上级规定,先后分成两个、四个、八个组,都无法解决生产过程中的矛盾纠纷,一直干不好、合不拢。与此同时,特大旱灾导致生产队的粮食几乎颗粒无收,农民大规模外出乞讨。1978年10月,生产队新任领导班子意识到继续这样下去,家家吃不饱,生活没有出路,便召集全队18户户主召开秘密会议,参会社员都认为60年代试行的"责任田"效果很好,一致要求分田单干,保证按规定向国家和集体上缴粮油,并承诺土地分到户后不向外透露。18位农民冒死在契约书上按下红手印后,私自开始了包干到户试验,这份契约书后来被视为全国第一份土地承包合同书。

小岗村包干到户试验虽然最初是生产队农民秘密自发实施的,但是很快被当地官员知晓,并逐渐得到各级领导干部支持(表4-6),转为政社合作型试验。当时,梨园公社书记在发现试验后,考虑到中央政策文件明确要求"不许分田单干,不许包产到户",自己无法承担社员自发实施"大包干"的责任和后果,选择向县级政府汇报②。县委书记得知小岗村的试验情况后,并没有立即叫停禁止,而是前往当地考察调研,发现农民生产积极性高涨,各家各户认真劳动,努力提高粮食产量,在和公社书记商量后允许农民试验一年、观察效果。县委书记和公社书记经沟通讨论达成共识,决定采用"不宣传、不制止、不推广"的方式,支持和保护小岗创新包干到户,并且向农民表示"你们好好干,就做个试点吧"③。滁县(现滁州市)地委书记很快也知道了小岗村创新包干到户的情况,同样没有阻止,而是"允许小岗干三年,继续进行试验,要不断完善提高"。

表4-6 小岗村包干到户试验得到地方政府支持④

时间	领导干部	口头承诺	现实意义
1979年4月	凤阳县委书记	"就叫他们干一年试试看呢" "你们好好干,就做个试点吧"	包干到户试验首次得到地方政权支持
1979年4月	滁县地委书记	"允许小岗干三年,继续进行试验,要不断完善提高"	批准三年试验期

---

① 陈大斌.中国农村改革纪事 1978—2008 [M].成都:四川人民出版社,2008.
② 严俊昌,严宏昌,严立学等口述.凤阳县小岗村包干到户的一些情况[M]//中共安徽省委党史研究室.安徽农村改革.北京:中共党史出版社,2008.
③ 陈庭元.凤阳大包干[M]//中共安徽省委党史研究室.安徽农村改革.北京:中共党史出版社,2008.
④ 陈大斌.中国农村改革纪事 1978—2008 [M].成都:四川人民出版社,2008.

续表 4-6

时间	领导干部	口头承诺	现实意义
1979年6月	安徽省委书记	"那就让它干嘛,不就一个生产队吗?翻不了天,就让它干去"	在省级层面赋予小岗生产队政策试验权
1979年12月	滁县地委书记	"小岗生产队搞包干到户是经过县委和地委同意的,压力再大也不能动摇,不能再合并起来"	强化小岗生产队政策创新先行先试权
1980年1月	安徽省委书记	"地委能批准你们干三年,我批准你们干五年""只要对国家有利,对人民有利,谁学都行"	批准五年试验期;赋予省内其他地方自行试验权

1979年6月,万里得知小岗村包干到户试验后,专程来到凤阳,听取县委书记汇报,了解到包干到户试验取得了积极成效,粮食产量从3万多斤增加到13万多斤,当即表示支持试验,赋予了小岗生产队政策试验权。1979年秋,凤阳全县有三分之一的生产队学习小岗生产队的经验,尝试由包干到组转为包干到户。大规模的包干到户试验让公社领导有所担忧,向县里反映情况,县委领导在压力之下态度有所动摇,在1979年底要求小岗生产队恢复包干到组。小岗生产队副队长立即指出,包干到户是地委领导批准的,不同意再包干到组。县委领导在向地委书记汇报情况后,地委书记强调小岗村包干到户试验是经地委同意的,不能动摇①,再一次强化了小岗生产队的政策创新先行先试权。小岗村包干到户试验成效显著,激起了周边生产队的学习热情,1979年秋种时,凤阳全县三分之一的生产队效仿小岗生产队试行包干到户。

1980年1月,万里来到小岗村实地考察,注意到各家各户粮食收获颇丰,确认小岗村试验成效显著。万里在听闻农民将小岗生产队的做法称为"单干"时,指出还是"包干到户,责任到人"这一概念更好,首次对概念名称进行了统一。针对一些农民反馈的小岗村包干到户试验在当时被批为"开倒车"这一情况,万里立即表示对包干到户试验的支持,批准小岗村试验五年,允许其他地方学习小岗村试行包干到户。作为安徽省委第一书记的万里作出这样的口头承诺和指示,不仅明确了小岗生产队的试验期,还赋予了省内更多地方自主试验权②。

二、包产到户试验合法化

自20世纪60年代起,包产到户试验虽然在安徽得到了地方各级政府的大力支持,但是

---

① 张广友.改革风云中的万里[M].北京:人民出版社,1995.
② 王郁昭.包产到户、包干到户的前前后后[M]//中共安徽省委党史研究室.安徽农村改革.北京:中共党史出版社,2008.

这一做法在当时是不被中央允许的,属于政策"禁区",试验不具有合法性,面临较大风险。到20世纪七八十年代,一些领导干部开始思考,人民公社体制在长达20年的实践检验中暴露出诸多弊端,导致了一系列社会问题,亟待调整甚至变革,那么深受农民群众欢迎的包产到户责任制是否可以获得合法性认可,成为一种替代性的制度安排。对此,滁县地委书记王郁昭提出,在真理标准问题大讨论的鼓舞下,干部群众的思想越来越解放,广大农民向往各种形式的责任制,是要站在农民的对立面固守陈规,还是顺应民心积极引导,是必须回答的重大课题。于是,他向万里提议给包产到户报个户口,正式承认它也是社会主义生产责任制的一种形式。

万里接受了王郁昭的建议,在1980年1月召开的全省农业会议上指出,从实践观察来看,包产到户也可以被称为责任到户,不同于分田单干,它坚持生产队的统一分配,没有改变生产资料所有制,在土地方面,所有权依然归生产队,固定到户使用①。万里的这一发言不仅对包产到户试验经验进行了总结和肯定,清晰地阐明了包产到户与联系产量责任制、分田单干的概念关系,初步提出了集体土地所有权与使用权相分离的理念,还在安徽省内为包产到户落了户口,正式赋予包产到户试验合法性地位,使其公开化、合法化,同时也理顺了地方试验与中央政策规定的关系,强调包产到户试验并非对中央决定的违背,而是按照当地的实际情况落实中央政策,与中央政策精神是一致的,希望以此来减少改革阻力。全省农业会议后,在安徽省委有力的政策支持下,到1980年4月,滁县地区有48.4%的生产队试行包产到户,1980年5月,在安徽全省范围内有23%的生产队试行包产到户,试验规模迅速扩大。

面对一些领导干部对包产到户仍然看法不一、思想混乱的情况,为了进一步统一思想,1980年8月,安徽省委从省直机关抽调人员组成调查组前往8个县调查包产到户试验情况,从群众反映的经验性知识中总结提炼,完成《关于包产到户情况的调查报告》,深化对包产到户的性质、作用和发展前途的认知。报告提出需要从三个方面统一对包产到户的认识:一是作为一种生产责任制形式,包产到户与当前生产力发展水平相适应;二是包产到户相较于原来的以队为基础,不存在本质上的区别,只是经营方式有所改变,不同于解放前私有制下的置田单干;三是多数社队以签订合同的方式一年一定包干任务,做到"保证国家的,交足集体的,剩下全是自己的",应当承认这是统一分配的一种做法②。

三、中央全面推广包产到户

1980年,包产到户试验虽然在安徽省内走向了公开化、合法化,但是在全国范围内还存在较大分歧和争论。万里在回忆这段历史时也表示,"我们的这些做法既不符合宪法中规定的'三级所有,队为基础',也不符合中央文件中的'也不要包产到户'……安徽那一段就是这种'违法乱纪'的情况,实质上反映了农民发展生产力的要求和已不适应的旧的上层建筑、旧的

---

① 万里.在全省农业会议上的总结发言(1980年1月1日)[M]//王耕今,杨勋,王子平,等.乡村三十年(下):凤阳农村社会经济发展实录(1949—1983年).北京:农村读物出版社,1989.

② 中共安徽省委政策研究室.关于包产到户情况的调查报告[M]//黄道霞.建国以来农业合作化史料汇编.北京:中共党史出版社,1992.

规章制度之间的矛盾"①。为了化解这一矛盾,安徽省委领导积极向中央介绍包产到户试验取得的良好绩效,希望得到中央高层支持,承认包产到户是社会主义生产责任制的一种形式。1980年1月14日,安徽省农业委员会副主任周曰礼和滁县地委办公室主任陆子修在参加全国农村人民公社经营管理会议时,作题为《联系产量责任制的强大生命力》的发言,强调相较于包产到组,包产到户的效果更明显,很多地方仅仅一年就实现了粮食增产增收,提出在生产队统一领导下开展的包产到户,并没有改变所有制性质和按劳分配原则,应该被视为一种责任制形式②。

这一发言引起与会者围绕包产到户是集体经济的责任制形式还是分田单干、是姓"社"还是姓"资"等根本问题展开激烈争论。对此,大部分代表认为包产到户是分田单干,是资本主义性质的,原国家农业委员会的大部分领导也认为要遵循中央文件,做到"不许分田单干""也不要包产到户"。1980年1月31日,中央政治局领导听取了会议情况汇报,邓小平没有明确表态,指出对于包产到户这样大的问题,事先没有通气,思想毫无准备,不好回答③。

1980年3月,万里调离安徽,出任国务院副总理兼国家农业委员会主任,主管全国农村工作,积极在中央层面寻求对包产到户、包干到户的支持。他利用工作机会向胡耀邦反映,中央规定不要包产到户,那么地方支持农民试验就一直是违法、违纪行为,提议召开一次省委书记会,在更大范围内争取共识。万里还多次向邓小平汇报安徽包产到户试验以及全国争论的情况,希望得到邓小平的认可和支持。1980年5月31日,邓小平对安徽包产到户试验给予了肯定性评价,称赞安徽肥西试行包产到户大幅提升了粮食产量,凤阳开展"大包干"试验也明显改善了农民生活状况。针对当时的争论,邓小平明确表态,包产到户并没有改变经济的主体,主体依然是生产队,不会影响发展集体经济④。万里晚年回忆时表示,邓小平的表态给了包产到户试验巨大的支持,"光我们给包产到户上了户口管什么用,没有邓小平的支持,上了户口还可能被注销的""此后情况有了好转,但还是吵吵嚷嚷,全国性的争论并没有停止,有些反对的人手里掌着权,他不同意你就干不成"⑤。

1980年下半年,中央高层对包产到户试验的支持倾向更加明显。7月,胡耀邦在全国宣传部长会议上也指出,中央不反对包产到户,不应当将包产到户与单干、资本主义等同⑥。9月,中共中央召开各省、市、自治区党委第一书记座谈会,会后以邓小平的谈话作为重要推动,折中不同意见形成了《关于进一步加强和完善农业生产责任制的几个问题》,第一次在中央文件中给予包产到户、包干到户正面评价,指出在边远山区、贫困落后地区可以实施包产到户和

---

① 万里.农村改革是怎么搞起来的[M]//欧阳淞,高永中.改革开放口述史.北京:中国人民大学出版社,2014.
② 周曰礼.农村改革理论与实践[M].北京:中共党史出版社,1998.
③ 张广友.改革风云中的万里[M].北京:人民出版社,1995.
④ 中共中央文献研究室.新时期农业和农村工作重要文献选编[M].北京:中央文献出版社,1992.
⑤ 万里.农村改革是怎么搞起来的[M]//欧阳淞,高永中.改革开放口述史.北京:中国人民大学出版社,2014.
⑥ 盛平.胡耀邦思想年谱[M].北京:泰德时代出版公司,2007.

包干到户①,这调整了原来"不许包产到户"的规定,为地方试验提供了正式依据。1982年的中央一号文件正式肯定了包产到户的社会主义性质,称之为家庭联产承包责任制,与其他形式的生产责任制同等地位,农民可自主选择②,这为中国农村改革指明了方向。1983年的中央一号文件更是称赞包产到户是在共产党领导下中国农民伟大的创造,马克思主义关于合作化的理论在我国实践中的新发展。在得到中央高层支持后,包产到户、包干到户迅速在全国范围内推广开来,到1984年年底,全国569万个生产队,99%以上都实行了包产到户和包干到户。

四、政社合作型试验与概念性知识生产

回溯20世纪60年代以来安徽包产到户试验历程可以看到,各级政府官员与农民群众密切联系,主动听取吸纳群众意见,大力支持具有创新动力的地方开展试验,形成了政社合作型试验模式。包产到户试验中政社互动合作形式如图4-3所示。政社双方通过持续的互动合作,不断调适学习、提炼新概念,逐渐深化政策认知、更新政策理念,并积极向中央高层传导新理念,在政治上、理论上赢得支持和认可,不仅扩大了包产到户试验的影响力,在全国范围内普遍推开,而且正式确立了家庭联产承包责任制,拉开了农村土地产权制度改革的大幕。

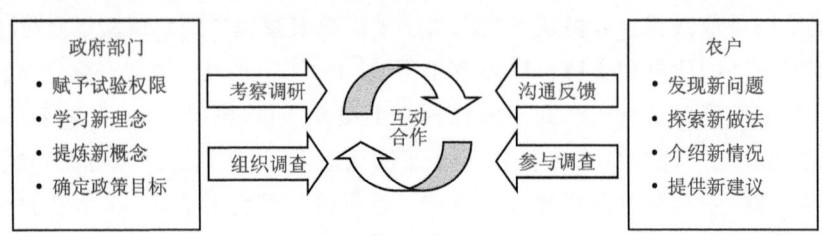

图4-3 包产到户试验中政社互动合作形式

1. 谋求合作共识

政社合作型试验是政府部门在遇到棘手问题时,由于相关知识积累有限,一时难以就政策目标及行动路径形成清晰的看法,而主动向特定议题领域内具有知识优势的社会群体寻求合作的结果。政社双方合作源于产生共识,之后政府部门正式授予社会群体试点权限,鼓励他们在规定的区域范围内积极创新探索,再向他们学习从试验实践中产生的新观点、新见解,更新政策理念(图4-4)。安徽各级领导选择支持农民试行包产到户,是因为这一做法能够促进农业大幅增产增收,改变农民贫穷饥饿的状态,为政府部门应对农村经济萧条、农民生活困难提供了思路。

首先,政社双方产生共识、授予农户试点权限,是政社合作型试验的起点。安徽作为农业大省,在"左"倾错误影响下,农村问题十分严重,农民面临严峻的生产生活困境。安徽省委面

---

① 施昌旺.安徽改革开放口述史[M].北京:中共党史出版社,2018.
② 赵树凯."大包干"政策过程:从"一刀切"到"切三刀"[J].华中师范大学学报(人文社会科学版),2018,57(2):19-30.

对这种情况,急于寻求一条切实有效的问题解决路径。在此背景下,农民自发创新的包产到户,成功调动了生产积极性,实现了增产增收,为省委领导提供了政策新思路,引起了决策者的共识(图4-4)。为了进一步确认包产到户实效,学习补充新的政策知识,省委领导在批准一些地方开展试验的同时,强调有意识地保留一些公社和生产队实行老办法,与包产到户的结果进行比较,判断哪种路径效果更好。

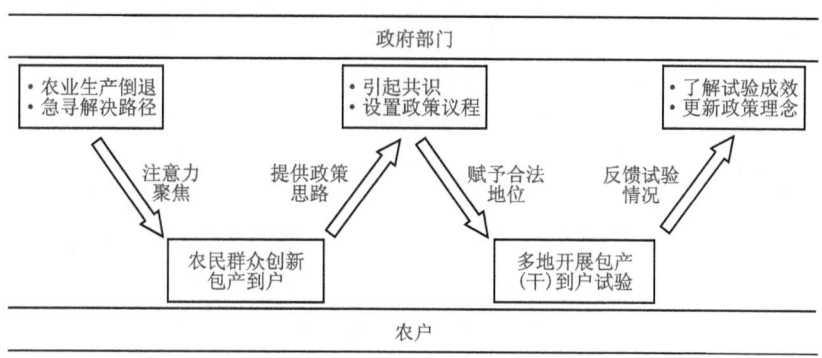

图 4-4 包产到户试验中政社互动合作过程

其次,跨界学习,更新政策理念。在政社合作型试验中,社会行动者负责具体开展试验行动,积累经验教训,提供新想法、新思路。对于政府部门而言,主要采用实地调研、组织调查等形式,与社会行动者建立沟通联系,学习了解试验情况。安徽各级政府在支持南新庄"责任田"试点、山南包产到户试点、小岗包干到户试点的过程中,多次组织实地调研、蹲点指导试点工作,与农民群众沟通交流,听取农民反馈意见,了解试点成效。除此之外,政府部门还组织专门人员深入调查、学习试点经验,撰写调查报告。1979年底,凤阳县委派干部深入小岗调查包干到户试验情况,形成调查报告《一剂必不可少的补药——凤阳县梨园公社小岗生产队包干到户的调查》,由滁县地委书记呈送万里审阅,两位领导均吸收报告中的观点,肯定包干到户是一种生产责任制,不同于分田单干。1980年4月,凤阳县委又组织干部前往板桥区向当地农民群众调查了解包产到户试验情况,形成《关于板桥区实行包产到户情况的调查》,肯定包产到户的增产功能和实际成效。

2. 持续调适纠偏

政社合作型试验是政府部门和利益相关者在议题目标高度不确定的情境下,建立合作关系,共同在试验实践中边做边学,探索政策新方向的过程。在此过程中,一方面,双方根据实践反馈总结经验教训,不断发现新情况,应对新问题;另一方面,对于社会行动者的试验行为,政府部门根据实际需要和已有经验制定出台管理办法进行引导纠偏,保持试验秩序始终处于可控状态。安徽包产到户试验就是在各级政府部门规范引导和支持下有序开展的,推动包产到户的做法不断得到优化。

一方面,及时发现问题,优化政策路径。从安徽包产到户试验中可以看出,政社合作型试验不是上级政府精心设计试验方案基层实施并检验方案成效的过程,而是政社双方面对严峻的现实问题,共同在实践中渐进探索和优化问题解决路径的过程。在此过程中,农民群体作为试验具体实施方针对新出现的问题,及时思考应对措施,调整、改进包产到户的具体做法,使其逐步优化完善,之后政府部门向基层农民学习经验教训,深化政策认知。比较典型的是,张劲夫在担任安徽省委书记后,前往滁县地区调研发现农民群众具有自觉意识和主动性,针对试验过程中发现的问题能够及时商定解决办法,持续优化、调整包产到户。受此触动,张劲夫允许当地农民可以不受三年期限限制,长期试行包产到户。

另一方面,政府总结经验教训,制定规范管理办法。政府部门在与社会群体合作开展试验的过程中,也会采取措施规范试验行为,维护试验秩序。安徽省委领导在全省农业会议上明确表示支持包产到户后,越来越多生产队从包产到组转为包产到户、包干到户,加入政策试验,迅速扩大了试验规模。低层级政府为了规范辖区内农民的试验秩序,在总结前期试验经验的基础上,出台了相关管理办法。1980年3月,凤阳县委领导前往板桥区调研,要求区委就包产到户制定管理办法。次月,板桥区制定出台《关于农业生产实行包产到户责任制的几点意见》,被印发给凤阳县其他区参考学习。1980年9月,凤阳县出台《关于农业生产包干到户的管理办法(初稿)》,并于1982年颁布《关于包干到户的管理办法》修订稿,引导农民有序试行包干到户。安徽省委则在1980年8月组织调查组分赴8个县调查包产到户试验情况,完成《关于包产到户情况的调查报告》,提出包产到户要在实践中不断完善,解决好承包土地、集体生产资料的管理与使用等生产、生活问题①。

3. 提炼新概念

政社合作型试验是在社会行动者提供的新思路引起决策系统的共鸣和响应后,在局部地区率先践行新思路,观察其效果并不断调整优化,待试验取得成功后,从试验经验中总结提炼新概念,目的在于确立新目标,为改革提供方向。从实践来看,安徽省在支持农民开展包产到户试验、积累经验的基础上,提炼得到了一系列新的政策概念,用于统一政策理念,厘清未来政策发展方向,并积极向中央高层传导新理念,力求得到中央支持,在全国范围内推动农村土地产权制度改革。

首先是总结核心概念,统一政策观念。相较于社会自发型试验,政社合作型试验在知识生产方面的优势在于,政府官员掌握与政治行政规范高度相关的知识,能够超越基层群众零散的试验经验,从中总结提炼新的政策概念,建构新理念,如表4-7所示。时任安徽省委书记万里作为包产到户试验的关键支持者和推动者,不仅赋予了试验合法地位,还在观察总结试验经验的基础上正式统一了政策概念,厘清了包产到户与分田到户、联系产量责任制等概念之间的关系,初步提出了土地所有权与使用权相分离的理念,试图以此化解一些领导干部的观念分歧、统一思想认识。万里将小岗的做法总结为"包干到户,责任到人",在全省农业会议上表示"有些地方把包产到户叫责任到户,两种叫法都可以",肯定包产到户是一种联系产量责任制,强调它与中央决定的基本精神是一致的,不同于分田单干,并且指出包产到户的核心特征是生产资料所有制没有变,土地所有权仍然归生产队,使用权固定到户行使。安徽省代表在全国农村人民公社经营管理会议上,也强调包产到户没有改变所有制性质,是尊重农民

---

① 中共安徽省委政策研究室.关于包产到户情况的调查报告[M]// 黄道霞.建国以来农业合作化史料汇编.北京:中共党史出版社,1992.

表 4-7 包产到户试验生成的新概念①

时间	提出者	讲话内容	新概念/理念
1980年1月（安徽全省农业会议）	安徽省委书记万里	"有些地方把包产到户叫责任到户,两种叫法都可以"	包产到户;责任到户
		"比如土地,固定到户使用,所有权仍然是生产队的,生产队有权根据情况的变化加以调整"	土地使用权与所有权相分离
		"现在对这种包产到户的做法是不是联系产量责任制的形式之一,同志们的看法有分歧……其实,这样做正是实事求是地执行中央的决定,和中央决定的基本精神是一致的"	包产到户是联系产量责任制的形式之一
		"包产到户原则上不同于分田单干。包产到户形式上与分田单干相似,而生产资料所有制并没有变,而且坚持了生产队的统一分配"	包产到户不同于分田单干,是社会主义生产责任制的一种形式
1980年1月（小岗村实地考察）	安徽省委书记万里	"你们小岗现在是怎么干的?……这个名字不好听,还是'包干到户,责任到人'好"	包干到户,责任到人
1980年1月（全国农村人民公社经营管理会议）	安徽省代表周曰礼、陆子修	"包产到户不仅没有削弱、没有瓦解集体经济,相反,还壮大了集体经济……要充分尊重农民的意愿,尊重农民经营土地的自主权,不要过多地去限制农民"	尊重农民土地经营自主权

经营土地的自主权的表现。

其次是厘清政策方向,寻求中央高层支持。政社合作型试验只是地方政府为解决当地棘手问题,支持社会行动者开展创新行动,影响范围较小,为扩大影响力,在更大范围内寻求共识,试验取得成功后,地方政府会积极向上游说新的政策理念,寻求上级政府支持和认可。在真理标准问题大讨论的背景下,安徽各级领导干部反思认为人民公社"一大二公"的体制存在诸多弊端,并通过观察农村包产到户试验的实际成效,逐渐厘清政策思路、统一认识,认为包产到户作为一种联系产量责任制是刺激农民劳动积极性、解放和发展生产力的有效制度安排,是未来农村改革发展方向。为了谋求共识、争取中央支持,安徽的领导干部通过多种途径向中央高层游说,试图向上传导这一政策理念:一是会议主题发言,在中央召开的全国性会议上介绍包产到户试验的显著成效,强调包产到户并没有改变所有制性质,是一种社会主义的生产责任制,力求获得中央领导人和其他省份领导干部的认同和支持,扩大共识网络;二是呈

---

① 窦永记.起点:中国农村改革发端纪实[M].合肥:安徽教育出版社,1997.

交调查报告,撰写包产到户试验的详细调查报告和系列报道材料,调用政治资源提交给中央领导审阅,争取高层认可;三是当面汇报,安徽省领导干部在晋升到中央机构任职后,利用自身的社会网络寻找机会向中央领导当面汇报试验情况,促使中央领导更加深入了解包产到户,改变思想观念。历史经验表明,只有得到中央高层的政治支持,地方试验才有发展空间,才能稳步推进,产生更加广泛深远的影响力。

第三节 本章小结

通过梳理包产到户的早期探索过程可以看到,一项新的政策理念的形成需要经过长期曲折的摸索、检验、修正和确认。在此过程中,利益相关者、决策者等不同群体通过差异化的试验组织模式生产新知识、满足知识需求,对政策问题的界定以及政策目标的认知逐渐从模糊走向清晰。

在包产到户试验的初始阶段,政策目标处于高度不确定状态。面对农业生产效率低下、粮食供应不足等一系列现实问题,农民、基层干部、决策者等各方主体依靠已有的经验和知识,既无法准确判断问题产生的原因,基于共识性观点理性规划政策目标,也不清楚解决问题的具体路径和可行的政策选项。对此,身陷生存危机之中的农民率先行动起来,急于找到一条解决问题的出路,尽快摆脱贫穷落后的生活境况。各地农民从实际出发,基于溯因分析设想问题解决思路。由于农民一开始将问题归因于一些具体政策安排、经营管理模式以及部分干部作风,在三轮包产到户试验浪潮中都只是将调整土地等生产资料的分配和管理方式作为目标,发展出了多样化的包产到户措施,试验证明这些措施无法从根本上解决问题。随着试验实践的开展以及经验性知识的积累,安徽的领导干部经过总结反思意识到,当时农村问题的症结在于体制,要想使农民走出困境必须改弦易辙,实行必要的责任制,进而支持农民开展包产到户试验,形成政社合作型试验,在实践中逐渐明确政策方向。

通过对包产到户探索过程中的社会自发型和政社合作型试验进行案例分析,初步得到以下几点结论。

第一,政治干预对政策试验具有显著影响,当社会自发型试验的目标导向与高层决策者的政治主张存在分歧时,会被叫停。在早期阶段,高层决策者与农民群众对于土地产权关系模糊、粮食产量低下、农民生活贫困等问题的认识,以及对问题解决方案的看法存在巨大差异。中央高层以苏联为学习对象,将"集体所有,共同劳动,计工计酬,统一经营"作为农村改造的目标,强调要发挥集体经济的优越性,通过调整劳动组织和管理方式、规范生产秩序来解决农村问题。而一些地方具有改革创新精神的农民通过试验发现,包产到户才真正符合农村的实际情况,适应生产力发展水平,能够充分调动农民生产积极性、真正提高粮食产量改善生活,是解决当时农村问题的有效途径。在观念分歧之下,中央决策者认为包产到户使农业生产以家庭为单位,不符合农业集体化方向,不是社会主义经济制度,将包产到户试验定性为自发的资本主义倾向,并明令禁止。

第二,社会自发型试验具有离散性、自组织性特征,在经验性知识生产方面具有优势。在当时的政策环境下,各地农民出于提高粮食产量的动机,多以秘密的形式自发开展包产到户试验,组织化程度较低,可用资源十分有限,只是分散地在生产队或公社范围内创新探索一些新做法。在多轮包产到户试验中,农民生成并积累了丰富的经验性知识,主要表现在三个方面:一是通过观察中央对前几轮包产到户试验的态度和施加的批判措施,一些地方的农民吸取经验教训,以更隐晦、变通的方式开展试验行动;二是通过多轮、多地试验,农民发展出了多样化的包产到户形式;三是通过试验实践确认包产到户、包干到户成效显著,比包产到组、包产到队效果更好,能够大幅度增产增收。这些经验是试验行动者对感性的原始材料加工而成的知识,具有地方性、非结构化特征,以隐性知识的形式由分散的个体掌握,构成驱动政策创新的知识基础。

第三,对于目标高度不确定的改革议题,政社合作型试验先通过溯因分析提出模糊方案,再在实践中不断明晰改革方向。农民自主发起的包产到户试验在安徽得到政府部门支持后,由社会自发型试验转化为政社合作型试验。在20世纪60年代初,安徽省委通过调研分析农村状况,反思总结农业合作化以来的包工包产、包工到户等经验,重新认识农村问题,发现生产管理体制弊端是农村问题的主要原因,亟需突破体制束缚实行必要的责任制,但是对于实行何种责任制认知并不清晰。省委领导最初提出试行包产到组的办法,试验后发现效果不佳,进一步研究生产责任制问题后,认为可以尝试通过包产到户来恢复农村经济①。然而,当时中央决策者对于包产到户的认识也不充分,态度发生了多次转变,最终禁止地方开展相关试验。到20世纪70年代末,安徽各级领导干部再次支持农民开展包产到户试验。在此过程中,作为关键行动主体的政府官员和农民发挥各自优势,对大量经验性知识进行整合和再建构,厘清了包产到户与"分田单干""联系产量责任制"等概念的关系,提出了"土地固定到户使用""所有权归生产队""尊重农民土地经营自主权"等关键概念,初步形成了农地所有权与承包经营权相分离的理念,将其作为新的政策目标和改革方向,积极向中央传导。

第四,政社合作型试验产出的知识一旦得到决策者认可,则会强化传播力和影响力。通过比较20世纪60年代和70年代的安徽包产到户试验可以看到,中央支持与否对地方试验具有显著影响。20世纪60年代初,安徽省委支持农民以"责任田"的形式开展包产到户试验,派驻干部蹲点指导工作,然而由于未能得到中央决策者的支持而走向末路,在愈演愈烈的政治运动中被彻底瓦解。到了70年代末80年代初,安徽包产到户试验的命运截然不同。在真理标准问题大讨论和改革开放的大环境下,经过万里、周曰礼等领导干部的坚决支持和积极游说,中央和其他省份越来越多领导干部转变思想观念,认识到包产到户不同于分田单干,不应将其与资本主义等同起来,转而默许或支持包产到户。在此情境下,安徽包产到户试验没有再一次夭折,而是被中央接受和采纳,在全国范围内推广,成为农村土地产权制度改革的先导以及农村改革的突破口。安徽包产到户试验在争取到中央掌权者的肯定和支持后产生了广泛的影响力。

---

① 王光宇.安徽农业三项改革[M]// 中共安徽省委党史研究室.安徽农村改革口述史.北京:中共党史出版社,2006.

第五章 农村土地产权制度的渐进完善

诺斯指出,制度通过建立一个对人类交互活动稳定的结构来减少不确定性①。在一项创制性制度确立后,决策系统基本上明确了未来政策方向,目标不确定性得以化解,将致力于应对政策选项不确定性、结果不确定性和效果不确定性,发展具体政策安排,进一步完善制度建设。对于政策选项不确定性,决策系统可通过组织权威倡导型试验,动员低层级政府发挥创造力和行动力,创新用于实现政策目标的政策备选方案,进而在总结地方试验经验的基础上建构一套结构完整、系统自洽的知识体系,制定一揽子政策安排。对于结果不确定性和效果不确定性,决策系统可委托相关领域的专家实施政策试验,测试并确认技术工具产生的结果及实际效果,确定技术路线和工作方法,供决策系统参考。本章将对家庭联产承包责任制确立后,农村土地产权制度的完善和转型发展进行深入分析,考察在目标不确定性基本得到解决的前提下,决策系统是如何通过政策试验促进新知识的生产,满足对系统性知识、操作性知识的需求,进而成功应对选项不确定性、结果不确定性和效果不确定性,引领政策发展和制度完善的。

第一节 权威倡导型试验:中央部署改革试点

改革开放以后,在中央政府推动下,"三级所有,队为基础"的旧体制逐步瓦解,农村土地产权制度的基本模式调整为以集体所有制为基础的家庭联产承包责任制。为了适应政策环境变化,不断深化和完善家庭联产承包责任制,中央统筹部署了一系列试点项目,先后对农村承包地、集体经营性建设用地、宅基地产权制度进行改革,致力于增加结构性、系统性知识积累。本节旨在对这些试点项目进行剖析,阐释在政策选项高度不确定性下权威倡导型试验的知识生产功能。

一、确立集体所有家庭经营的农地产权制度

瓦解旧制度、构建新制度的首要任务是突破已有观念的束缚,接受新理念、发展新思路。经过农民20多年的艰苦探索,以及安徽省领导干部的大力支持和积极游说,中央高层逐渐更新思想观念,接受包产到户是一种社会主义性质的生产责任制,并且在20世纪80年代正式

---

① 道格拉斯·诺斯.理解经济变迁过程[M].钟正生,邢华,译.北京:中国人民大学出版社,2013.

认可包产到户试验。中央允许地方开展包产到户试验,标志着在农村土地使用制度规定上有所松动,为建立家庭联产承包责任制打开了缺口。为了深入了解地方试点情况、总结试验经验、建构新的制度体系,国家农业委员会在1981年3月统一组织农业部、农垦部、中国社会科学院农业经济研究所等部门,组建17个调查组,前往15个省、区不同类型的地区实地调查试点情况,并于同年6月底,连续召开3次专门会议,听取试点调查汇报。在对各地试点经验进行总结的基础上,1981年12月中共中央召开全国农村工作会议,集中讨论农业生产责任制问题,形成了《全国农村工作会议纪要》。该文件于1982年1月被批转,正式承认包产到户、包干到户是社会主义集体经济的生产责任制。此后,以包产到户、包干到户为主要形式的家庭联产承包责任制在农村地区迅速推广开来,意味着集体所有、家庭经营的农村土地产权制度取代了以统一经营、集中劳动为特征的公社型农地集体所有制,对人民公社体制构成冲击[①]。

1982年11月,中共中央召开全国农村工作会议,充分肯定了家庭联产承包责任制的地位和意义,支持全面推广家庭联产承包责任制,同时决定从实行生产责任制(特别是联产承包制)、实行政社分设两方面对人民公社体制进行改革。此决定在同年12月31日经中央政治局讨论通过,1983年1月2日印发。1984年1月,中央发布《中共中央关于一九八四年农村工作的通知》,提出继续稳定和完善联产承包责任制,帮助农民在家庭经营的基础上扩大生产规模,提高经济效益。1986年4月,第六届全国人大第四次会议修订通过《中华人民共和国民法通则》,首次以法律形式将农地承包经营制度确定下来,正式确立了农地所有权与承包经营权相分离的产权关系。1993年3月,第八届全国人大第一次会议通过《中华人民共和国宪法修正案》,在国家根本大法中确立了家庭联产承包责任制的法律地位。此后,以集体所有制为基础的家庭承包经营制度成为我国农村土地产权制度的基本模式。1998年8月,《中华人民共和国土地管理法》经修订后规定,本集体经济组织的成员可承包经营农民集体所有的土地,期限为30年,赋予农民长期而有保障的土地使用权。

二、农村承包地产权制度改革试点

家庭联产承包责任制确立后,农村土地所有权归集体,土地承包经营权由作为集体经济组织成员的家庭拥有,构成了农村土地产权制度的基本框架,形成了集体所有权与土地承包经营权"两权分离"的格局。进入21世纪后,随着工业化、城镇化快速发展,农村土地产权制度出现与外部政策环境不相适应的情况,面临新的挑战:一是农业人口大规模向城镇和非农业转移,造成农村土地资源浪费严重;二是土地分散化承包经营限制了农业规模效应;三是土地产权界定不清影响了农村土地利用效率。面对这些新问题,中央启动了新一轮农村土地产权制度改革,在农村承包地、集体经营性建设用地、宅基地产权制度等多个方面规划部署了改革试点项目,致力于调动地方发挥改革创新精神、探索行之有效的政策方案,引领以家庭联产承包责任制为基本模式的农村土地产权制度不断深化、发展和完善。在农村,耕地产权(即农地承包经营权)最为基础、重要,中央在这方面组织开展的政策试点项目也最多,经梳理主要

---

① 刘灿.中国农村土地产权制度改革的理论与实践研究[M].北京:经济科学出版社,2021.

有以下几项。

试点 1：农村税费改革试点

农村实行以家庭联产承包责任制为基础模式的农村土地产权制度后,为了规范农村税费制度、减轻农民负担,2000 年 3 月,中共中央、国务院发布《关于进行农村税费改革试点工作的通知》,鼓励地方进行试点探索,规定了试点目标、试点内容、试点地区以及试点工作的组织领导,如表 5-1 所示。

表 5-1 农村税费改革试点工作要求

工作维度	具体要求
试点目标	探索建立规范的农村税费制度、从根本上减轻农民负担的有效办法
试点内容	取消乡统筹费、农村教育集资等专门面向农民征收的行政事业性收费和政府性基金、集资;取消屠宰税;取消统一规定的劳动积累工和义务工;调整农业税政策;调整农业特产税政策;改革村提留征收使用办法
试点地区	中央确定在安徽以省为单位进行试点;其他省、自治区、直辖市可根据实际情况选择少数县(市)试点
试点工作的组织领导	试点地区的政府抽调人员组成农村税费改革工作领导小组及其办公室,做好专项管理工作

资料来源:根据中共中央、国务院《关于进行农村税费改革试点工作的通知》整理制成。

中央发出试点通知后,安徽按照要求结合本省实际情况制定试点方案并上报获批。甘肃、湖南等 9 个省份也响应中央倡议,选择部分县(市)开展试点。中央在考察确定安徽等地试点工作推进顺利、成效显著后,作出进一步扩大试点范围的决定。2002 年 3 月,国务院出台将试点范围扩大到宁夏、湖北等 16 个省份,要求这些省份以包干使用的形式处理农村税费改革财政转移支付资金。针对地方试点过程中出现的问题,2002 年 8 月,国务院农村税费改革工作小组、国务院纠正行业不正之风办公室联合下发《关于切实加强农村税费改革试点工作的紧急通知》,提出对农民收税、费要做到"八不准",以确保扩大试点工作健康有序进行。

2003 年 3 月,国务院发出《关于全面推进农村税费改革试点工作的意见》,规定尚未以省为单位实施试点的省,可依据本地实际情况决定是否于 2003 年进行全省范围的试点工作,有试点意愿的省份需认真制定试点方案在 4 月 15 日前报国务院审批,中央财政将继续给予试点地方资金支持。在"由点到面"渐进探索的基础上,2005 年 12 月,关于自 2006 年 1 月 1 日起废止《中华人民共和国农业税条例》的决定在第十届全国人大常委会第十九次会议上通过,从 2006 年起全面取消农业税。农业税的取消,实际上是对土地税的免除,它理顺了农民、集体、国家之间的分配关系,使农户因承包土地而承受的负担为零,加大了对农户土地承包权利的保护力度。

试点 2：土地承包经营权流转规范化管理和服务试点

在工业化、城镇化加速发展的背景下,大量农村劳动力向城镇转移,农民进行土地流转的意愿增强。为了满足农民需求,农业部决定启动试点,在2012年8月下发《农村土地承包经营权流转规范化管理和服务试点工作方案及试点名单的通知》(以下简称《通知》),鼓励地方探索实现依法自愿有偿、规范有序流转农村土地承包经营权的有效路径。农业部在地方自愿申报的基础上,选定北京平谷、河北肃宁等33个地区为试点单位,提出试点要求(图5-1)。《通知》指出,允许这些试点地区先行先试,但不得自行扩大试点内容和范围,需准确把握法律和政策界限,稳妥开展试点,要求各试点单位围绕试点内容、时间安排、工作目标等内容编写工作方案,在2012年9月28日前报送农业部,之后每半年以书面形式汇报一次试点进展,在试点过程中遇到重大问题时可随时报告情况。

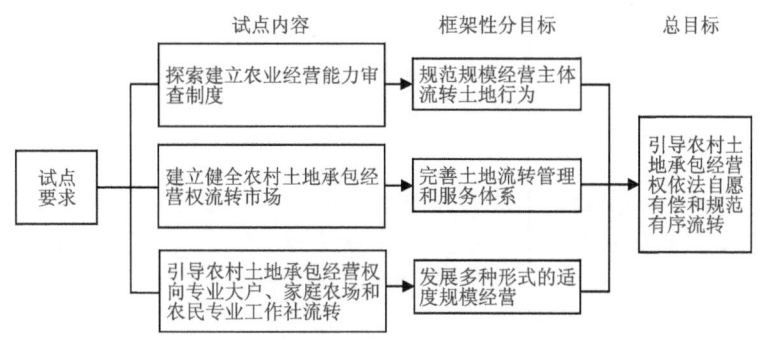

图5-1 土地承包经营权流转试点的工作部署

资料来源:根据《农村土地承包经营权流转规范化管理和服务试点工作方案及试点名单的通知》整理制成。

农业部作为该项试点的发起单位,通过组织试点工作座谈会等形式,及时了解地方试点情况、促进各地交流试点经验。2012年12月,农业部组织召开试点会,听取试点单位的情况汇报和经验介绍,针对地方试点进展,重申试点工作必须坚持依法自愿有偿、市场导向、因地制宜、制度创新四项原则,强调试点地区在下一步工作中要注重创新工商企业农业经营能力审查制度、探索风险防范机制、规范流转合同管理、完善流转价格形成机制、培育新型规模经营主体。2013年5月,农业部副部长在全国农村经营管理工作会议上对试点取得的阶段性成效进行了肯定,指出一些试点地区在发展工商企业租赁农户承包地准入制度方面积累了有益经验,各地要继续探索创新。然而,2014年的中央一号文件提出农村土地所有权、承包权、经营权"三权分置"的政策新理念,成为新时期农村土地产权制度改革的基本方向,中央在政策话语上也转而强调规范农村土地经营权流转行为,农村土地承包经营权流转规范化管理和服务试点由于与中央新的政策导向存在偏差而逐渐被悬置。

试点3:土地承包经营权退出试点

随着城镇化快速推进和城乡一体化发展,越来越多农民进城落户,人地分离导致土地抛荒等土地利用效率低下的问题凸显。为了适应经济社会发展和人地关系变化,提高农地利用效率,中央提出在稳定承包关系长久不变的条件下,开展土地承包权退出试点。2014年7月,农业部下发《关于组织申报第二批农村改革试验区和试验项目的通知》,将土地承包经营权退出试点增列为试验项目,规定有意愿的地方需准备试验方案,经历地方申报、省级推荐、部门审核、审定批复等程序申请试点资格。同年12月,农业部会同中央农办等单位选定重庆市梁平县(现梁平区)、四川省成都市、四川省内江市市中区为试点单位,承担土地承包经营权退出试验任务,三地采取了差异化的试点措施,形成了各具特色的经验模式,如表 5-2 所示。

表 5-2　土地承包经营权退出试点中各地试验情况

试点地区	试点模式	试点措施
重庆市梁平县	"多方联动、退用结合"模式	明确退地农户前置条件,严格退地程序:区分法定退出和自愿退出两种形式,分别规定退出条件和程序。 合理制定退地补偿价格,多方筹集补偿金:不行政强推,发包方居中协调,供需双方对接,形成自愿退出补偿价格。 强化退出土地管理利用,完善保障措施:以"确权确股不确地""小并大、零拼整"等形式将退出土地集中成片,由村集体统一经营、发包、出租
四川省成都市	"农民自愿有偿退出土地、盘活利用废弃土地"模式	探索规范化退出程序:农户自愿申请、开展资料审查、协商补偿标准、议定退出事项、组织公开公示、签订退出协议、乡镇政府审核、办理注销手续、经营管理退出土地
四川省内江市市中区	"三换"模式	退出承包地换现金:给予自愿退出承包地的村民一次性现金补偿。 退出承包地换股份:村民自愿退出承包地的补偿金入股村集体经济股份合作社,退地村民按年享受分红。 退出承包地换保障:贫困人员可退地换养老保障、退地换保困难救助

2016 年 8 月,农业部决定扩大试点范围,将试点单位从 3 个增加到 12 个。经过多年试验探索和总结,目前已形成重庆梁平"多方联动、退用结合"模式、四川内江"三换"模式、宁夏平罗"三权同退"模式、浙江宁波"股份化退出"模式等典型经验[1]。2022 年,农业农村部总结认为近年来试点地区在退出基本程序、退出主体资格、补偿标准等多个方面积极创新政策工具,取得了卓有成效的成果,农户承包地有偿退出制度的"四梁八柱"已基本成形,下一步将继续指导有条件的试点地区在充分尊重农民意愿的基础上,探索建立农户承包地有偿退出机制[2]。

试点 4:农村承包土地的经营权抵押贷款试点

为了保障农民对承包土地的用益物权,创新增加农民财产性收入的可行路径,2015 年 8

---

[1] 曹丹丘,周蒙. 土地承包权退出:政策演进、内涵辨析及关键问题[J]. 农业经济问题,2021(3):17-27.
[2] 中华人民共和国农业农村部. 关于政协第十三届全国委员会第五次会议第 02847 号(农业水利类 239 号)提案答复摘要[EB/OL]. (2022-09-13)[2023-03-20]. http://www.moa.gn/govpublic/zcggs/202209/t20220914_6409245.htm.

月,国务院决定启动试点项目,发布《关于开展农村承包土地的经营权和农民住房财产权抵押贷款试点的指导意见》(以下简称《意见》),对试点基本原则,以及试点任务、组织实施(包括加强组织领导、选择试点地区、严格试点条件、规范试点运行、做好评估总结、取得法律授权)等方面进行了详细规定(表5-3)。根据《意见》的相关要求,2016年3月,北京大兴、天津武清、河北玉田等232个地区被选为试点单位(试点单位区域分布情况如图5-2所示),需在2017年年底前完成全部试点工作。

表5-3 农村承包土地的经营权抵押贷款试点组织实施要求

工作维度	具体要求
试点基本原则	依法有序、自主自愿、稳妥推进、风险可控
试点任务	赋予"两权"抵押融资功能;创新农村金融产品和服务方式;建立抵押物处置机制;完善配套措施
加强组织领导	试点工作指导小组由人民银行、中央农办等单位组成,负责地方试点工作的指导
选择试点地区	选择区域:主要选择农村改革试验区、现代农业示范区等农村土地经营权流转较好的县(市、区)作为试点单位。 选择流程:省级政府向指导小组办公室推荐,指导小组审定后确定试点单位
严格试点条件	一是农村土地承包经营权、宅基地使用权和农民住房所有权确权登记颁证率高,农村产权流转交易市场健全,交易行为公开规范,具备较好基础和支撑条件;二是农户土地流转意愿较强,农业适度规模经营势头良好,具备规模经济效益;三是农村信用环境较好,配套政策较为健全
规范试点运行	人民银行会同相关单位:制定并出台试点管理办法。 试点地区:成立试点工作小组,制定具体实施意见和支持政策
做好评估总结	总结试点经验,针对制定修改相关政策和法律法规提出建议; 试点工作的监督、指导及年度评估由人民银行牵头负责;省级政府负责报送试点单位提交的总结报告和政策建议给指导小组; 指导小组编写全国试点工作报告,提出政策建议
取得法律授权	国务院按程序提请全国人大常委会授权,允许试点地区在试点期间暂停执行《中华人民共和国物权法》第一百八十四条、《中华人民共和国担保法》第三十七条等相关法律条款

资料来源:根据《关于开展农村承包土地的经营权和农民住房财产权抵押贷款试点的指导意见》整理制成。

2018年底,在跟踪和监督地方试点实施进展、汇总地方试点报告的基础上,中央对三年来各地试点情况进行总结,形成试点总结报告。报告指出试点成效显著,到2018年9月底,全国232个试点地区农地抵押贷款余额520亿元,同比增长76.3%,累计发放964亿元,不仅成功盘活了农村资源资产,提高了"三农"领域融资额度和效率,还增加了农户收入。

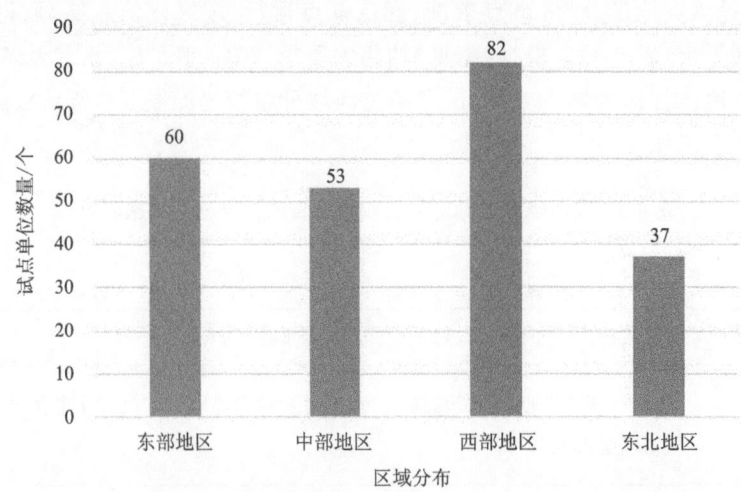

图5-2 农村承包土地的经营权抵押贷款试点单位区域分布情况

试点5:土地经营权入股发展农业产业化经营试点

为了适应经济社会发展,促进小农户与现代农业发展有机衔接,2013年11月,党的十八届三中全会首次提出,允许农民以土地承包经营权入股发展农业产业化经营。2015年初,在"三权分置"思想的指导下,农业部就土地经营权入股发展农业产业化经营正式启动试点工作,在对地方申报的试点方案进行审核遴选后,确定黑龙江桦南、江苏武进等地为试点单位(表5-4),给予项目资金支持。各地围绕土地经营权入股方式、利益分配方式、风险防范措施等方面展开创新探索,形成了多样化的试点模式。

表5-4 各地土地经营权入股发展农业产业化经营试点情况①

试点地区	试点模式	试点举措
黑龙江桦南	土地按股分红,共享经营收益	探索土地经营权直接入股公司、创新"风险共担,利润共享,不设保底收益"的利益分配方式、建立风险防范机制
江苏武进	完善政策配套,创新入股方式	创新流转管理机制、价格发布机制、价格评估机制、入股分配机制、风险防范机制、信用评价机制

---

① 农业部农业产业化办公室."土地经营权入股发展农业产业化经营"开启改革新征程[N].农民日报,2017-8-5.

续表 5-4

试点地区	试点模式	试点举措
浙江桐庐	三类模式并行,分红收益可观	创新入股经营模式:"农民+土地股份合作社"直营模式、"土地股份合作社+企业"社企合作模式、"农户+农业企业"土地股份公司模式
山东青州	分类入股联营,保障各方利益	分类探索经营权入股模式;探索以土地经营权抵押贷款;建立健全风险防范机制;建立财务公开机制
重庆涪陵	维护农民利益,增进产业融合	探索注册管理机制、利益分配机制、风险防范机制、政策扶持机制
贵州盘州	发展特色产业,创新帮扶措施	做优特色农业产业基地,创新"平台公司+村级农民专业合作社+农户"模式
四川崇州	探索经营形式,培育新型主体	创新"农民+合作社+公司"模式,成立新公司;探索"农民+公司"模式,成立新合作社;探索"农民直接成立合作社"模式

中央为深入了解地方试点开展情况,及时总结有益的试验经验,通过组织专项督导、调研督察、试点交流会等形式,加强与试点地方的互动联系。2016 年,农业部组织专门人员前往试点地区开展调研督导,并在重庆举办试点经验分享活动,为各地讨论交流试点的主要做法和成效提供平台。2017 年,农业部组织开展试点督察工作,相关人员前往试点地区进行调研,收集整理试点材料,遴选推荐典型案例,制定试点配套政策文件,部署下一步工作计划①。2018 年 12 月,农业农村部、国家发展和改革委员会等六部门联合发布《关于开展土地经营权入股发展农业产业化经营试点的指导意见》,明确下一步试点工作的重点任务是创新土地股份组织运行机制、探索土地经营权入股的实现形式、完善风险防范措施,要求试点地方的农业农村部门落实跟踪指导工作,鼓励有意愿开展试点的地方适时选择资质良好的农民专业合作社、公司开展试点。2020 年 6 月,试点工作进入总结阶段,农业农村部在汇集各地试点信息的基础上肯定试点取得了丰硕成果,不仅探索形成了多种有效的土地入股发展产业化经营的形式,还创新形成了可复制、可推广的"保底+分红"的分配方式。除此之外,其他一些试点经验对于修改农民专业合作社法、土地承包法、公司法等法律法规具有重要参考价值。

试点 6:二轮承包到期后再延长 30 年试点

为了巩固集体所有、家庭承包经营的农村土地产权制度,维护集体经济组织成员依法承包集体土地的基本权利,2017 年党的十九大报告提出,第二轮土地承包到期后再延长 30 年。2019 年 3 月,农业农村部公布 2019 年工作要点,将做好土地二轮承包到期后延包基础工作列

---

① 农业部农业产业化办公室."土地经营权入股发展农业产业化经营"开启改革新征程[N].农民日报,2017-8-5.

入其中,计划制订试点工作方案,在基层申报、省级政府推荐的基础上遴选20个左右县级单位,先行探索解决各种突出问题的有效途径。2020年,农业农村部将稳妥开展第二轮土地承包到期后再延长30年试点作为工作要点,强调要加强风险防范,指导试点地区严格封闭试点,不对外宣传报道,建立重大问题研究处置机制和信访处置机制,及时总结经验,探索具有推广价值的延包模式,完善配套政策安排。

2020年,中央正式启动试点工作,确定河北邱县等20个第二轮土地承包到期较早的县(市、区)为试点单位,要求试点单位遵循中央精神,指导试点村(组)制定具体延包方案开展试验行动。2022年5月,中央进一步扩大试点范围,批准广西蒙山等27个县(市、区)开展试点。2022年9月,农业农村部对试点成果进行了初步梳理和总结,认为各地通过试点摸清了承包关系、厘清了延包程序、理顺了工作机制,针对一些问题探索形成了多样化的解决路径,为推动面上工作积累了有益经验①。二轮承包到期后再延长30年试点成果总结如图5-3所示。

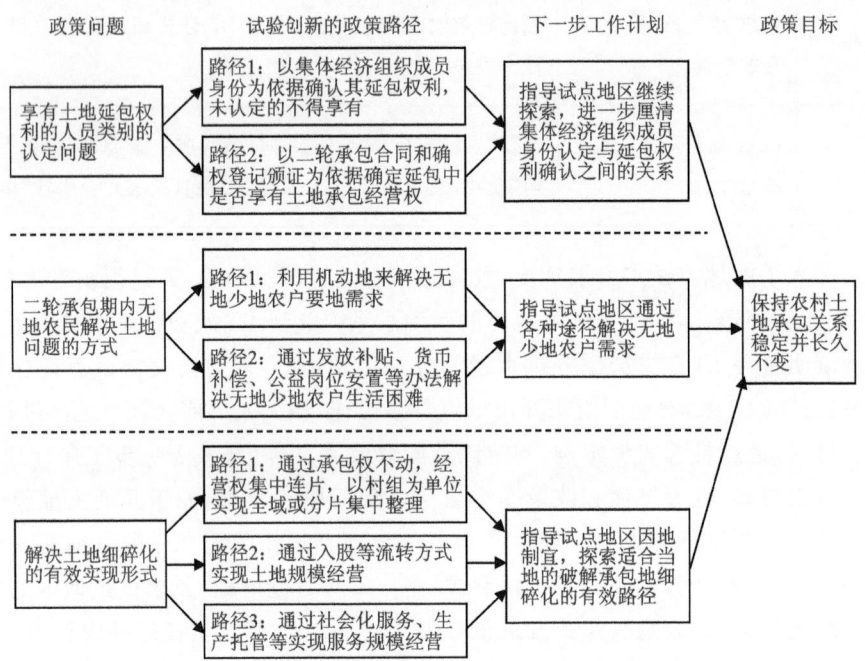

图 5-3 二轮承包到期后再延长 30 年试点成果总结

资料来源:根据中华人民共和国农业农村部《关于政协第十三届全国委员会第五次会议第 02847 号(农业水利类 239 号)提案答复摘要》整理制成。

三、农村集体经营性建设用地产权制度改革试点

长期以来,集体经营性建设用地不能与国有建设用地同权同价同等入市的二元体制,不仅制约了农民通过土地财产权利分享改革发展成果,还使得大量集体经营性建设用地在农地

---

① 中华人民共和国农业农村部. 关于政协第十三届全国委员会第五次会议第 02847 号(农业水利类 239 号)提案答复摘要[EB/OL]. (2022-09-13)[2023-03-20]. http://www.moa.gov.cn/govpublic/zcggs/202209/t20220914_6409245.htm.

非农化转用的巨大利益诱导下进入灰色市场,处于隐性、非法流转状态,严重影响了城乡土地要素配置效率,损害了农民土地权益。对此,中央针对集体经营性建设用地产权制度改革部署试点项目,致力于探索有效的政策工具,制定出台相关政策,完善集体经营性建设用地权能。

试点 1:集体经营性建设用地入市试点

为了打破城乡分割、双轨运行的二元土地市场,实现规范、有序地流转集体经营性建设用地,2013 年,党的十八届三中全会通过《关于全面深化改革若干重大问题的决议》,提出在符合规划和用途管制的前提下,允许农村集体经营性建设用地出让、租赁、入股,实行与国有土地同等入市、同权同价,将建设城乡统一的建设用地市场确立为改革目标。为探索实现这一目标的具体路径,2014 年 12 月,中央决定开展农村集体经营性建设用地入市试点,选择北京大兴等 15 个有基础、有条件的地区作为试点单位,对总目标、基本原则、试点任务进行规定,要求在 2017 年底完成试点工作。2015 年 2 月,全国人大常委会授权国务院在试点地区暂时调整实施《中华人民共和国土地管理法》《中华人民共和国城市房地产管理法》的部分相关条款,为试点施行提供法律支撑,强调试点工作要做到"法无授权不可为",授权期限至 2017 年 12 月 31 日。同年 7 月,试点单位上报改革方案,经国土资源部(现自然资源部)会同中央农办等相关部门研究审核后逐一获批,试点工作全面展开。随着试点工作的推进,2016 年 9 月,中央将试点范围扩大到全部 33 个"三块地"改革试点地区,决定以"试点联动"的方式增强"三块地"改革的整体性、系统性和协同性,形成改革共振效应。

为了指导地方有序推进试点工作,原国土资源部多次委派干部参与地方试点工作领导小组、到试点地方挂职,直接参加试点工作的开展。在试点工作总结阶段,2018 年 5 月,自然资源部召开试点工作推进会议,促进各地交流试点经验、分析问题。同年 7 月,中央组建 14 个督查组对各地试点工作进行全面督查,全面评估每一个试点单位取得的成效和存在的问题。11 月底,国务院常务会议听取试点地区情况汇报。次月,中央发布试点情况总结报告,将浙江德清、河南长垣、山西泽州、辽宁海城、江苏武进树立为试点典型,具体试点经验如表 5-5 所示。在总结吸纳地方试点经验的基础上,2019 年 8 月,《中华人民共和国土地管理法》修正案经第十三届全国人民代表大会常务委员会第十二次会议审议通过,集体经营性建设用地入市被写入法律。2022 年 9 月,中央出台《关于深化农村集体经营性建设用地入市试点工作的指导意见》,强调要审慎稳妥推进试点工作,保证试点单位数量稳妥可控,继续探索改革中深层次问题的解决路径。

表 5-5 集体经营性建设用地入市试点的典型经验

试点地区	试点策略	试点成效
浙江德清	争先策略:争做全国第一;在量化指标上争取领先地位	完成全国首宗集体经营性建设用地入市;办理全国首笔集体经营性建设用地使用权抵押贷款;到 2018 年完成 183 宗、共计 1347 亩集体经营性建设用地入市,农村集体经济组织和农民取得 2.7 亿元净收益,受益农民约 18 万人

续表 5-5

试点地区	试点策略	试点成效
河南长垣、山西泽州、辽宁海城	求新求异策略：创新区别于其他试点地区的改革举措打造试点亮点	长垣：创新通过"增减挂钩"异地调整入市,盘活消极闲置空间；探索集体土地入市用于房地产开发。 泽州：对过去违法使用的集体经营性建设用地查纠整改,规定取得用地批复后可按要求入市。 海城：探索构建规范的入市闭环监督制度
江苏武进	"弯道超车"策略：利用"后发"优势,从前一批试点地区的改革经验中寻找突破口、发掘创新点	促成全国首家在农村集体经营性建设用地上发展募投项目的上市企业；率先实现集体经营性建设用地与省国有建设用地网上交易系统同网运行、同网竞价、同网交易；促成全国首家竞得集体经营性建设用地的外资企业

资料来源：根据《国务院关于农村土地征收、集体经营性建设用地入市、宅基地制度改革试点情况的总结报告》整理制成。

试点 2：集体经营性建设用地使用权抵押贷款试点

为了有效盘活农村土地资产,维护农民土地财产权利,规范集体经营性建设用地使用权抵押贷款工作,2016 年 5 月,中国银行业监督管理委员会会同国土资源部联合印发《农村集体经营性建设用地使用权抵押贷款管理暂行办法》,对试点单位、试点期限、试点的监督管理工作等内容进行部署。经规定,试点单位为国家确定的 15 个农村集体经营性建设用地入市试点地区,试点期限也与入市改革试点相同,以配合落实入市改革试点工作,试点地区银行业监督管理机构与国土资源行政主管部门需负责监督、评估辖区内的抵押贷款工作,按季度向主管部门报送试点情况。

为进一步推进试点工作,中国银行业监督管理委员会、国土资源部于 2016 年 11 月决定将试点单位从 15 个增加为 33 个,并于 2017 年 12 月将试点期限延长至 2018 年 12 月 31 日,要求试点地区做好风险防控工作,探索可复制、可借鉴的试点经验。由于农村集体经营性建设用地使用权抵押贷款试点与入市试点在试点地区和时间期限上高度重合,中央对两项试点工作一并开展督察、评估和总结。经汇总统计,到 2018 年底,全国试点地区共办理 228 宗、合计 38.6 亿元集体经营性建设用地抵押贷款。

四、农村宅基地产权制度改革试点

宅基地涉及住房、养老保障等功能,与农村公益性设施建设用地、经营性建设用地相比,和农民的权益联系得更加紧密,对农村社会和谐稳定发展具有重要影响。随着城镇化加速发展以及人口空间布局深度调整,农村宅基地闲置浪费问题日益突出,土地资源供给愈发紧张。然而,相较于承包地而言,宅基地产权制度变革相对滞后,如何调整制度安排、盘活土地资源、促进宅基地集约高效利用,成为近年来农村土地产权制度改革的重要内容。中央在这方面部署开展了多项试点,致力于调动地方积极性,探索改革的有效路径,增加政策知识的积累。

试点 1：宅基地制度改革试点

为了进一步完善宅基地的产权权能，保障农民合法权益，2014 年 12 月，中央全面深化改革领导小组审议通过《关于农村土地征收、集体经营性建设用地入市、宅基地制度改革试点工作的意见》（即"三块地"改革），选择安徽金寨、江西余江、江苏武进等 15 个县（市、区）作为宅基地制度改革试点地区，指导开展试点工作。2017 年 11 月，试点范围从 15 个地区扩大到"三块地"改革全部 33 个试点县（市、区）。各试点单位按照中央要求、结合地方实际，探索创新宅基地的权益保障和取得方式、审批制度、有偿使用和自愿有偿退出机制等。2018 年，国务院发布"三块地"改革试点情况的总结报告，肯定试点地区创新了多样化的农民住房保障形式，使农民的多种居住需求得到满足，并且将福建晋江作为试点典型案例给予高度认可，称赞晋江探索尝试的"指标置换、资产置换、货币补偿、借地退出"等机制，成功腾退宅基地 6345 亩，使农业产业发展拥有更加充足的用地空间。

由于首轮宅基地制度改革试点产出的制度性成果有限，考虑到宅基地制度改革涉及面广、利益关系复杂，一些深层次矛盾和问题还有待解决，具体改革路径和方法还有待探索，2020 年 6 月，中国共产党中央全面深化改革委员会在总结此前试点经验的基础上，制定了《深化农村宅基地制度改革试点方案》，部署新一轮改革试点工作，鼓励地方积极申报试点资格，强调试点地区要重点探索宅基地所有权、资格权、使用权"三权分置"的具体实现路径①。同年 9 月，中国共产党中央农村工作领导小组办公室、农业农村部正式在全国 104 个县（市、区）和 3 个地级市启动试点工作，目标是在地方试点创新的基础上，总结一批具有复制、推广、修法价值的制度创新成果，深化农村宅基地制度改革。为了规范地方试点行为、扎实推进试点进程，农业农村部先后印发了试点工作指引、制度汇编、政策问答等配套文件，通过线上线下相结合方式举办宅基地改革与管理培训班，对省、市、县各级宅基地工作人员进行培训。

试点 2：宅基地使用权抵押贷款试点

为了进一步完善宅基地使用权用益物权权能，盘活农村资产，增加农民收入，2015 年 8 月，国务院发布《关于开展农村承包土地的经营权和农民住房财产权抵押贷款试点的指导意见》（以下简称《指导意见》），启动试点工作，鼓励地方探索宅基地使用权有偿转让机制，创新实现农民住房财产权抵押担保中宅基地权益的有效方式。同年 12 月，天津蓟县（现蓟州区）等 59 个试点地区被授权在 2017 年 12 月 31 日前可暂时调整实施《中华人民共和国物权法》《中华人民共和国担保法》关于集体所有的宅基地使用权不得抵押的规定，试点创新获得法律的暂时豁免。2017 年 12 月 27 日，该项授权期限被延长至 2018 年 12 月 31 日。根据《指导意见》，2016 年 3 月，中国人民银行等单位联合印发《农民住房财产权抵押贷款试点暂行办法》，在平衡全国不同区域试点数量的基础上，正式确定天津蓟县、辽宁铁岭等 59 个地区为试点单位（试点单位区域分布情况如图 5-4 所示），并对各组织领导机构的职能进行了规定，要求各地区试点工作小组负责组织落实试验任务，及时对试验创新进行跟踪指导和总结评估，各省需在试点期间每年 1 月底之前向试点指导小组报送年度总结报告，中国人民银行分支机构及银行业监督管理机构等部门需要负责监测试点工作，做好业务指导及评估总结。

---

① 陈卫华，吕萍.宅基地制度改革的创新动力：困局与突围：基于对两轮试点调研的分析[J].农村经济，2022(5):30-39.

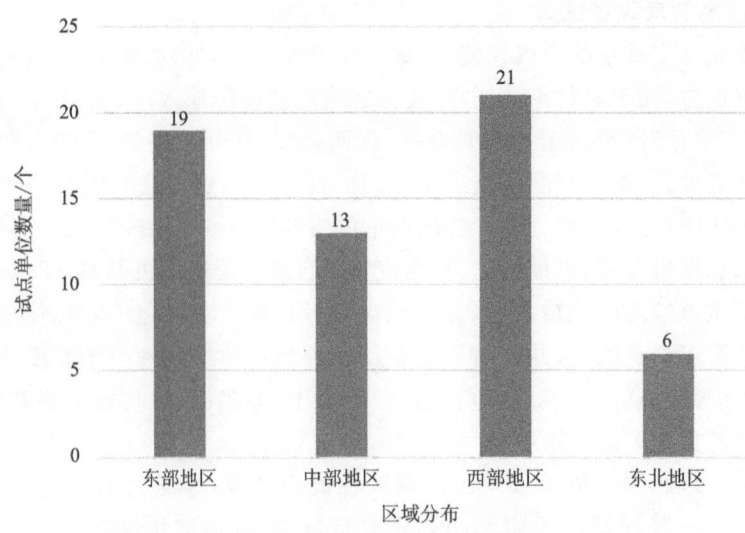

图 5-4 宅基地使用权抵押贷款试点单位区域分布情况

经过三年的实践探索,中央对地方试点成效进行评估,完成试点情况总结报告,并于 2018 年 12 月 23 日提请全国人大常委会审议。报告指出,农房抵押贷款试点取得了一定成效,但是也暴露出很多问题,尤其是通过实践发现,在集体经济组织内部实际上很难找到符合条件的受让人承接他人退出或转让的宅基地,农房流转面临困难、可行性有限。由于农房流转和处置难度较大,农房抵押贷款没有按照预期探索形成有效闭环,报告提出下一步的工作安排是在 2018 年 12 月 31 日后,不再授权试点地区法律豁免,恢复施行相关法律规定,将农房抵押贷款试点纳入宅基地"三权分置"改革统筹考虑,允许有条件的地方在确保风险可控的前提下稳妥探索宅基地使用权抵押,待宅基地"三权分置"改革获得实质性进展后,再视情况将修订《中华人民共和国物权法》《中华人民共和国担保法》提上议程。

五、权威倡导型试验与系统性知识生产

权威倡导型试验是在政策目标已基本确定的情境下,高层决策者自上而下发出试验倡议,鼓励地方探索多样化的政策备选方案,为政策制定提供知识基础。在农村土地产权制度改革过程中,经过农民自发探索、政社合作试验,包产到户是社会主义集体经济的生产责任制这一理念逐渐为中央高层所接受,并在这一理念的指导下对统一经营、集中劳动的公社型农地集体所有制进行改革,逐步建立起集体所有、家庭经营的农村土地产权制度。在新制度基本确立后,为了完善政策规定、加快制度建设以及适应政策环境,中央运用权威发挥倡导作用,在宏观层面统筹部署试点项目,通过非均衡赋权的方式,动员部分地区先行试验、创新政策方案,负责监督、指导、评估地方分散化试点实施情况,收集试点信息、整合地方性知识,在此基础上建构形成系统性知识,修订法律规定、制定政策文件。

1. 非均衡赋权

在中国制度情境中,中央发起的权威倡导型试验既不是漫无目的的试错,也不是先入为

主的试对,而是地方政府服从于中央主导的"政策求解"过程①。在集体所有、家庭经营的农村土地产权制度确立后,中央为推动制度进一步发展,成为政策试验的主导方和关键行动者,通过设定框架目标、授予试点权限、提供激励因素进行非均衡赋权,如图 5-5 所示,调动部分地区的积极性和创造性开展试验创新,探索政策目标的实现路径。

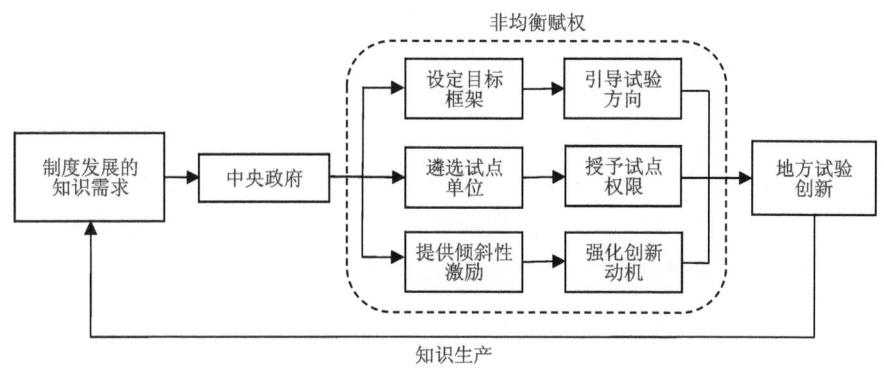

图 5-5　权威倡导型试验的非均衡赋权机制

第一,设定目标框架,引导试验方向。中央在试点地区和一般地区间实施非均衡赋权,并不是授予试点地区权限任意创新探索,而是严格要求试点单位在目标框架内组织试验行动,围绕政策目标集中开展知识生产,为中央决策提供所需知识。通过观察近些年来中央在农村土地产权制度改革中启动的试点项目可以看到,在坚持农村土地农民集体所有制不动摇、坚持家庭承包经营基础性地位不动摇这一长期目标的指导下,中央分解改革目标,先后提出引导农村土地承包经营权依法自愿有偿和规范有序流转、推进集体经营性建设用地规范有序流转、进一步完善宅基地产权权能等政策目标,依据目标设置试验议题、部署试点项目,并在每项试点项目中明确指导思想和基本原则,布置试点任务及相应的具体目标追求,形成了由长期目标、试验总目标、框架性分目标构成的三级目标体系,为地方试验行动提供指引,统筹指导地方在农村承包地、集体经营性建设用地、宅基地产权制度等多个方面创新探索改革路径、进行知识生产。

第二,遴选试点单位,授予试点权限。政策试验是一个高成本的政策过程,需要投入大量人力、物力和财力资源,为了确保高成本投入能够按预期产出实现政策目标的政策工具,满足决策的知识需求,中央通过直接指定或开放竞争的方式选择部分基础条件较好、试点经验丰富的地区授予试点权限,在试点与一般地区间形成非均衡赋权。通过梳理中央组织实施的农村土地产权制度改革试点项目可以发现,农村税费改革试点、集体经营性建设用地入市试点、集体经营性建设用地使用权抵押贷款试点、宅基地制度改革试点、宅基地使用权抵押贷款试点是采用直接指定的方式,由中央直接与特定地方政府进行联系沟通,在确认地方具有试验意向的基础上授予他们先行先试权,另外五项试点则是采用开放竞争的方式,通过地方自愿申报、省级推荐、部门审核、审定批复等特定程序遴选符合试点标准的地方作为试点单位。总

---

① 梅赐琪,汪笑男,廖露,等.政策试点的特征:基于《人民日报》1992—2003 年试点报道的研究[J].公共行政评论,2015,8(3):8-24.

的来看,这些试点项目大多选择分布在全国不同区域的农村改革试验区、现代农业示范区等具备较好基础和支撑条件的地方开展,导致一些地区(如江苏武进、重庆梁平、贵州湄潭)承担了多项试点任务。

第三,提供倾斜性激励,强化创新动机。中央政府在权威倡导型试验中具有激励分配权,在将试验探索权授予地方政府行使的同时,还给予试点地方倾斜性的经济激励、法律授权和声誉激励。经济激励是中央通过财政转移、提供优惠政策等方式,为试验实施提供资金保障。在农村税费改革试点和土地经营权入股发展农业产业化经营试点中,中央下发的试点工作通知明确提出中央财政将给予试点地方资金支持。对于涉及突破法律条款和调整重大利益关系的改革试点项目,中央还会提供法律授权作为强激励因素,允许试点地区在试点期间暂停执行相关法律规定,拥有更大的自主权和创新空间探索改革路径,加快知识生产,而一般地区必须严格按照现行法律法规执行政策,不得私自开展试点、盲目竞争。除此之外,中央在试点工作总结(如试点情况总结报告)中重点强调具有良好绩效表现的试点地区,给予肯定性评价,并组织媒体宣传报告,对地方政府构成声誉激励。

2. 分散化试点

在权威倡导型试验中,中央政府是发起方,地方政府是实施方。为了加快知识生产速度、提高知识生产量,尽快补充政策发展和制度完善所需的新知识,中央政府在部署农村土地产权制度改革的试点项目时,在确保风险可控的前提下,均选择多个地方作为试点单位,增加知识生产单元的数量,形成分散化试点格局。分散化试点一方面增加了从试验中产生成功的政策创新的机会和概率,另一方面也提高了试点管理工作的复杂性和难度。为了确保试点规范有序运行、实现预期目标,地方政府在获得试点权限后,须深刻领会中央精神,因地制宜地转化为地方试验方案,创新差异化的政策工具,并及时向上报送试点情况,接受中央监督和指导。

首先,领会中央精神,实现地方转译。做好地方转译工作一方面是将中央的改革愿景转化为实际政策知识产出的关键,另一方面是因地制宜地回应地方政策需求、开展差异化政策创新的保障。在农村土地产权制度改革的试点项目中,中央在下发试点工作通知时,大多明确提出地方要全面理解、准确深刻领会中央改革精神,要求地方规范稳妥推进试验。在一些试点项目如宅基地制度改革试点中,农业农村部还通过印发试点工作指引、组织培训班等方式自上而下传达中央改革精神。对于地方而言,不同地方在转译速度和质量上的表现不尽相同,如图5-6所示。在转译速度方面,一些学习能力强的地方在中央提出试验倡议后立即跟进,组织专题学习,研究制定试验方案争取试点资格,在取得试点授权后迅速开展行动,追求显示度高的政绩目标。例如,在集体经营性建设用地入市试点中,浙江德清率先采取行动、抢占先机,快速将中央精神转化为试验行动,成为试点工作的"领头羊",得到中央认可。在转译质量方面,试点地方对中央改革意志把握得越准确,创新的政策方案越能表明政治忠诚度,并且与地方情况契合度越高,表明转译质量越高,越容易赢得中央关注和认可。

其次,参与同行竞争,争取求新求异。中央在各个试点项目中部署地方多点试验,不仅增加了政策知识的创造者,还在试点地区间催生同行竞争效应,促使各地为了在试点同行中脱颖而出,赢取上级关注和认可,积极创新差异化的政策举措,并通过概念包装、媒体宣传等方

第五章 农村土地产权制度的渐进完善

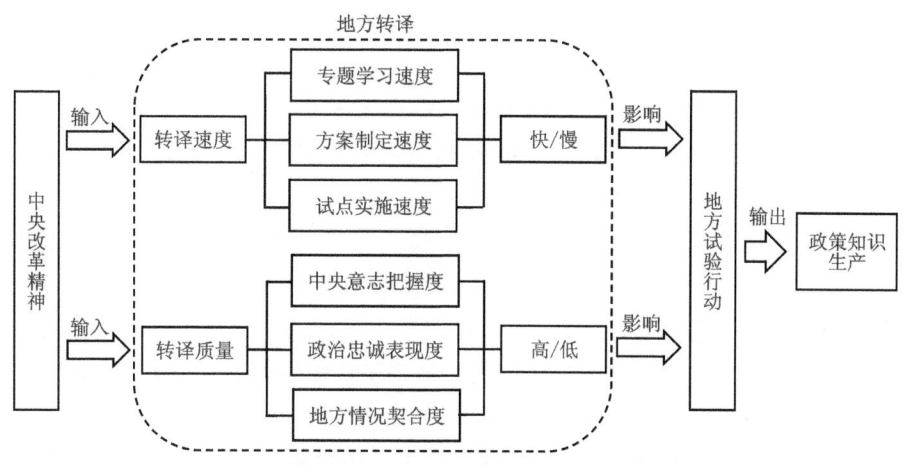

图 5-6 农村土地产权制度改革试点中的地方转译行动

式彰显创新亮点。其中,最为典型的是土地承包经营权退出试点和土地经营权入股发展农业产业化经营试点。在土地承包经营权退出试点中,首批三个试点单位在贯彻中央改革试点精神的同时,采取"求新求异"策略:重庆梁平重点在退地程序、制定退地补偿价格、退出土地管理利用三方面进行试验创新,提出"多方联动、退用结合"模式;四川成都集中精力探索规范化退出程序,形成"农民自愿有偿退出土地、盘活利用废弃土地"模式;四川内江重点创新退出承包地的补偿路径,打造"三换"模式。在土地经营权入股发展农业产业化经营试点中,首批七个试点单位在入股模式、经营模式、利益分配方式、风险防范机制等方面探索形成了一系列新做法。

最后,完善组织架构,及时上报情况。相较于单点试验,分散化多点试验大大增加了中央政府的试点工作管理难度。为了统筹监督指导全国范围内各地试点工作,及时发现问题,防范改革风险,中央在农村土地产权制度改革的试点项目中高度强调组织领导工作,要求各级政府围绕试点工作建立完善的组织体系,自上而下形成了由中央牵头部门、全国试点工作指导小组、省级政府部门、试点地区试点工作小组、具体试点责任单位构成的多层级组织架构,加强央地联系,详见图 5-7。除此之外,一些试点项目如宅基地使用权抵押贷款试点、土地承包经营权流转规范化管理和服务试点,还要求各试点单位定期以书面形式向上报告试点进展情况,对试点进行全过程管理。

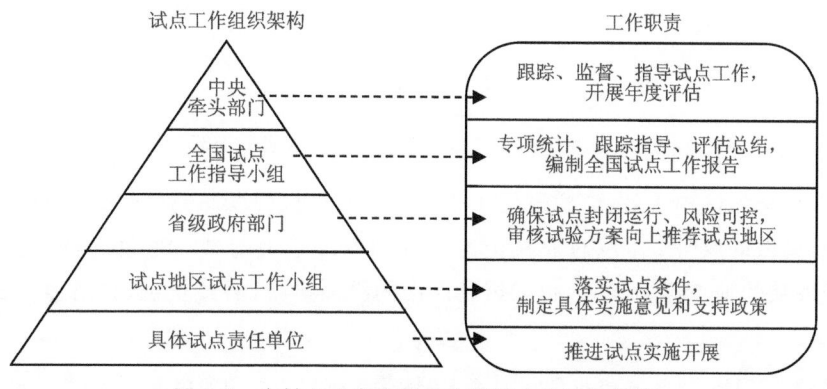

图 5-7 农村土地产权制度改革试点的组织架构

· 85 ·

3. 系统性知识建构

权威倡导型试验遵循归纳逻辑,旨在通过组织地方大规模多点平行试验,增加出现成功政策创新的机会和概率,进而收集地方积累的成功经验,对地方性知识进行整合和再建构,针对政策议题发展形成系统性、结构性的知识体系,制定全国性政策。中央在农村承包地、集体经营性建设用地、宅基地产权制度改革等多个方面发起试点项目时,多次强调试点的目的在于探索发现可复制、可推广、利修法的做法,为面上改革提供有益经验。通过多案例比较可以看到,在地方分散试点的基础上,中央利用纵向府际学习网络,收集汇总试点信息,总结提炼试验经验,逐渐生成有关农村土地产权制度改革的系统性知识,制定出台了一系列政策文件,修订调整了相关法律规定,使制度安排不断得到完善。

首先,建立纵向府际学习网络,收集地方性知识。通过观察农村土地产权制度改革中的多项试点可以发现,为了及时获取地方试点信息、学习成功经验、吸取教训,中央通过建立稳定的多层级试点组织架构和动态的跨层级互动交流机制,自上而下编织严密的纵向府际学习网络,详见图5-8。一方面,中央通过多层级试点组织体系与地方各级政府保持稳定长久的联系,以地方定期上报的试点进展报告为媒介了解掌握各地试点情况;另一方面,中央通过不定期组织试点经验交流会、试点工作推进会议等互动平台,以及组织专项督导、调研督察、派驻干部参与地方试点工作领导小组和到试点地方挂职等活动,形成了多样化的跨层级互动交流机制,强化与地方的联系纽带,及时获取地方试点反馈,识别、学习成功经验,发现、总结问题和教训。

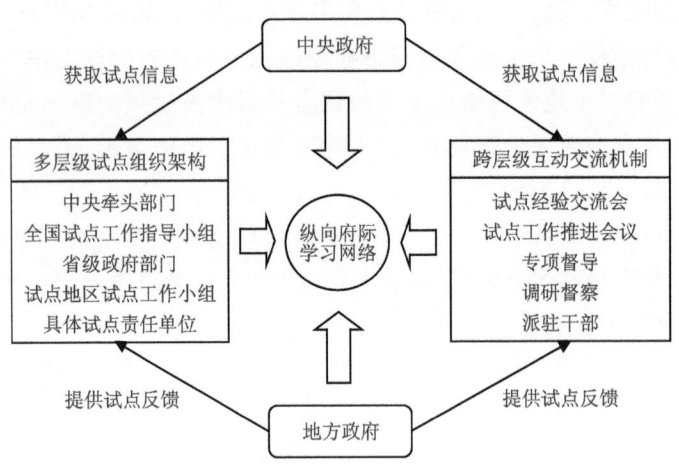

图 5-8 农村土地产权制度改革试点中的纵向府际学习

其次,评估地方试验成效,调整部署工作安排。政策试验既然是"试",就预设了既有成功的可能,也有失败的风险①。以对农村土地产权制度改革中的试点项目进行比较可以看到,中央不仅向成功的地方经验学习,也向试验产出的教训学习,通过发现、总结地方试验中存在

---

① 刘军强,胡国鹏,李振.试点与实验:社会实验法及其对试点机制的启示[J].政治学研究,2018(4):103-116.

的问题、反思试验效果不佳的原因深化政策认知。具体而言,在汇总试点信息、对试点工作进行总结评估的基础上,中央判断试点成效,相应地作出下一步工作部署,提高知识生产效率。对于进展顺利、达到预期目标、探索形成了可行的改革措施的试点项目,中央学习吸纳有效的政策工具,增进知识积累,制定政策方案;对于取得了初步成效,但是尚未形成可复制、可推广的制度经验,一些深层次问题还有待解决、具体改革路径还有待探索的试点项目,中央采取延长试点期限、扩大试点范围或部署新一轮试点工作的方式,进一步推进深化改革试点;对于试验成效不佳、问题突出但仍具有改革价值的试点项目,中央选择将其并入更为宏观、综合性的试点项目中统筹考虑,允许地方继续探索有效的政策路径,发挥知识生产功能;在中央调整了改革方向,而先前设计的政策试点项目与新方向不相适应、难以兼容的情况下,中央通过注意力转移的方式予以消解,使之进入悬置状态不再具备运作动力。

最后,生产系统性知识,完善政策安排。农村土地产权制度改革的各项试点,是中央在巩固集体所有、家庭承包的农村土地产权制度模式的目标下发起的,旨在调动地方积极性探索这一长期目标的实现路径,生成系统性知识,制定、完善相应的政策安排。为了有效发挥政策试验的系统性知识生产功能,中央调用政治权威统筹领导试点工作,在改革过程中,从三个层次总体规划部署试验安排:一是将农村土地产权制度改革任务分解为农村承包地、集体经营性建设用地、宅基地产权制度改革三个维度;二是在不同改革维度下,设计、启动相互配套的多个试点项目;三是在每个试点项目中设定框架性分目标,指导地方创新相应的政策工具,为建构政策框架提供知识基础(图5-9)。之后,中央相关部门对每个试点项目中地方贡献的多样化的政策选项进行提炼、建构、诠释和再建构,发展出具有统筹性的政策观点和规则,构成一项新政策的"四梁八柱",在此基础上制定出台新的政策安排。每项试点产出的新政策联结起来形成了更庞大、系统的政策知识体系,增进了中央对于农村承包地、集体经营性建设用地、宅基地产权制度改革的结构性认知,逐渐深化中央对于农村土地产权制度改革的系统性认识,进而持续推进制度转型。

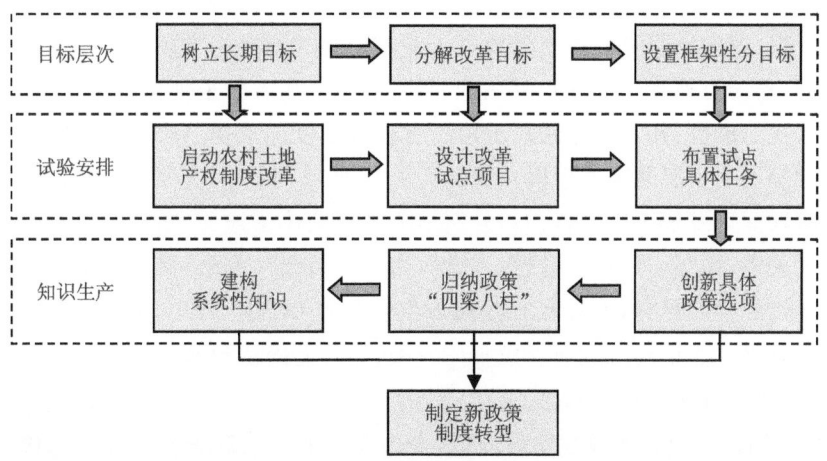

图 5-9 农村土地产权制度改革试点的系统性知识生产

第二节 专家受托型试验：测试土地确权技术

随着国家层面完成了农村土地产权的基本制度建设，确立了集体所有权与承包经营权"两权分离"的基本制度架构，土地制度改革的政策试验越来越重视操作层面的技术路线、工作方法等操作性知识的生产和补充，旨在为制度的进一步发展完善和转型变迁提供配套的技术支撑。其中，农村土地确权登记是一项重要工作任务，既是确定农村集体土地权属、确认农民土地权利、提高土地管理和利用水平的客观需要，也是开展土地经营权流转、集体经营性建设用地入市、宅基地使用权抵押贷款等工作的先决条件和基础。建立一套准确、规范、完整的农村土地确权登记数据库，推动土地管理信息化，需要通过试验途径设计、测试不同土地确权登记的工作程序和技术方法的效果。为此，各级政府针对农村集体土地所有权、土地承包经营权、宅基地和集体建设用地使用权确权登记颁证开展了试点，授权技术专家创新形成了一些有效的技术路径、程序和方法。

本节选择江苏省农村集体土地所有权确权登记发证试点、安徽省农村土地承包经营权确权登记颁证试点、广东省"房地一体"农村不动产确权登记发证试点作为典型案例，致力于分析技术专家在经政府部门授权后，是如何组织实施试验、促进操作性知识生产的。本节选择这三个省份的试点工作进行典型案例分析的原因在于：江苏省是全国较早开展集体土地所有权登记发证工作的省份，在全国率先完成汇交集体土地所有权确权登记工作；安徽省是全国三个整省推进承包地确权登记颁证试点省之一，提前一年完成了试点任务；广东省"房地一体"农村不动产确权登记发证试点在创新测绘手段方面取得了突出成果。这三个省份都具有较强的典型性和代表性，并且三者都由专家发挥主导作用，为解析专家受托型试验的运作过程提供了丰富的材料支撑。

一、江苏省集体土地所有权确权登记发证试点

在集体所有、家庭承包经营的新型农村土地产权制度建立初期，由于未及时探索开发有效的管理工具，农村土地管理工作相对混乱、亟待规范。在农村土地产权制度体系中，集体土地所有权处于核心地位，扎实做好农村土地所有权登记发证工作，完成登记体系建设，被认为是统一规范管理国土资源的有效手段。为此，2001年11月，国土资源部发布《关于依法加快集体土地所有权登记发证工作的通知》，号召地方开展集体土地所有权初始登记工作，以明确农村土地产权关系，加强土地权属管理。然而，由于当时条件有限，集体土地所有权确权登记发证工作并未达到预期目标，不仅在有些地方登记发证率依然较低，在已经完成登记发证的地方大多也只是确权登记到行政村农民集体一级，而不是确认到每一个具有所有权的农民集体，难以适应农村经济社会发展状况。

2010年1月，面对农村改革发展新形势，中央要求加快推进农村集体土地确权登记颁证工作。江苏省迅速领会中央精神，制定《江苏省加快推进农村集体土地确权登记发证工作计划》，要求各市县结合省级工作计划，制定本地工作计划。在此背景下，东台市通过试点探索出了一条集体土地所有权登记发证的有效途径，实现了较高的发证率和正确率，为之后被自

然资源部确立为江苏省唯一示范点,承接集体土地所有权确权登记成果更新汇交试点任务打下了良好的基础,具体采取了以下做法。

1. 建立专业团队,推进试点工作

根据上级工作部署,2010年10月,东台市启动农村集体土地所有权确权登记发证工作,成立工作领导小组,研究需要协调的政策及技术事项,制定《确权登记发证工作技术设计书》(以下简称《技术设计书》)。根据区域特征差异,东台市选择11个组(组级集体经济组织)率先开展试点工作,并由国土资源管理部门抽调具备较高业务水平的专业人员,在试点地区负责调查权属状况、测量地籍信息、调处纠纷、登记发证等工作。为了确保试点工作稳步推进,东台市原国土资源局定期开展集中培训、现场指导、技术督查等活动,组织一线工作人员熟悉了解《土地登记办法》等政策文件,认真研究解决试点工作中遇到的问题和矛盾。

由于土地登记发证工作中的测绘等核心工作技术性较强,东台市通过公开招标的方式,最终确定三家专业化企业为作业单位,授权江苏省土地勘测规划院为监理单位,建立起由技术专员组成的专业团队,授权他们按照《技术设计书》实地作业、测试技术方案,最终制作形成综合档案提交给原国土资源局。除此之外,东台市原国土资源局还委托南京国图公司开发村庄地籍调查软件,在试点工作的实际推进过程中不断完善软件系统功能。经过专业人员开发完善,该软件不仅具备基础建库、业务管理、数据更新、证书打印等基本功能,还能够跨数据库进行图斑自动比对、赋值和分析,以及基于空间、属性等信息自动查询和提示"一户多宅"等内容。

2. 检验技术设计,确定作业方法

通过试点,东台市探索出一套行之有效的集体土地所有权确权登记发证方法。在吸纳试点经验的基础上,东台市结合专家意见,对《技术设计书》进行了调整、补充和完善,进一步细化了确权原则,规定了外业权属核查、内业核查处理、登记发证的具体作业方法,为辖区内集体土地所有权登记发证工作提供指导。

3. 评估试点效果,全面推开应用

2010年12月,盐城市国土资源局组织专家组对东台市试点效果进行评估,认为农村集体土地所有权确权登记发证工作手段正确、方法得当。之后,东台市以"调查精细化、资料规范化、数据统一化、管理科学化"为目标,在辖区范围内全面推开确权登记发证工作,利用通过试点探索形成的这套工作方法,取得了良好的工作绩效:制作集体土地所有权确权和登记发证纸质档案资料6701宗;构建了以ArcGIS平台为基础的农村集体土地所有权登记专题数据库;建立了不符合发证条件的宗地电子台账。

由于东台市在农村集体土地所有权确权登记发证方面的工作基础较好,于2022年初被自然资源部确立为工作示范点,被选为加快完成集体土地所有权确权登记成果更新汇交试点单位。东台市基于前期确权登记成果,迅速开展更新汇交试点工作,探索从技术路径、调查基础、审核方式、操作软件、汇交成果五个方面建立标准化操作模式,最终高质量完成试点工作,成果通过国家质检,获得"数据完整性较好,数据等级为 A4"的认可①。江苏省将东台市作为学习样板,借鉴东台试点经验在全省面上铺开集体土地所有权确权登记成果更新汇交工作,于 2022 年 9 月底,在全国率先汇交首批集体土地所有权确权登记更新成果,覆盖 38 个县(市、区),涉及宗地 35.7 万宗。

二、安徽省土地承包经营权确权登记颁证试点

随着工业化、城市化、市场化加速推进,农村土地承包经营权存在的权力边界不清、层次不分、保障不力等问题在实践中逐渐暴露出来,导致一些争议和纠纷,对农村土地承包关系的稳定构成挑战。为了完善土地承包管理工作,解决数字不清、账实不符、关系不明等问题,中央自 2009 年起分阶段在全国范围内逐步推进农村土地承包经营权确权登记颁证试点工作。安徽省作为首批探索整省推进确权登记颁证工作的试点省份,于 2014 年鼓励全省 20 个农村综合改革示范试点县(区)先行先试,全面推开试点工作,以依法赋予农民更加充分而有保障的土地承包经营权为目标,争取用一年时间完成试点任务。

安徽省作为农业大省,高度重视土地承包经营权确权登记颁证试点工作,成立了试点工作专项领导小组,在领导小组办公室下设立政策咨询小组和技术指导小组,负责开展政策咨询和技术指导服务。由于土地承包经营权确权登记工作技术要求高,2014 年,安徽省农业委员会、安徽省国土资源厅、安徽省测绘局制定确权登记颁证工作技术方案,为试点工作提供参照标准和技术指导,并组织编写了一系列技术性、操作性配套政策文件,如表 5-6 所示,对操作规程、地籍调查图件、数据安全保密管理等多个方面做了规定。根据省级工作部署,各试点县(区)需要在这些政策方案的指导下,结合当地实际制定试点工作方案,以县级行政区域为基本单位落实试点任务。在全省 20 个试点县中,凤阳县试点成果显著、亮点突出。2015 年 7 月,在凤阳小岗村举行全省确权登记首批颁证启动仪式。这里对凤阳县试点工作情况展开具体分析。

表 5-6　安徽省制定操作性试点配套政策

时间	发文机构	政策方案	政策规定
2014 年 4 月	安徽省农业委员会、安徽省国土资源厅	《关于印发农村土地承包经营权确权登记颁证试点工作操作方案(试行)的通知》	规定分配承包地、测绘登记承包地四至边界、签订承包合同、发放承包经营权证书的操作规程
2014 年 4 月	安徽省农业委员会、安徽省国土资源厅	《关于印发意愿参加我省农村土地承包经营权确权登记颁证试点工作专业测绘机构推荐名录的通知》	公开征集 69 家专业测绘机构供各地招标选择;要求各地在招标中认真做好遴选工作、实行公开招标、统一技术标准

---

① 东台市自然资源和规划局.东台作为江苏唯一试点开展集体土地所有权确权登记成果更新汇交报自然资源部[EB/OL]. http://zrzy.jiangsu.gov.cn/ycdt/gtzx/gzdt/202202/t20220225_1203075.htm,2022-02-25.

续表 5-6

时间	发文机构	政策方案	政策规定
2014年4月	安徽省农业委员会、安徽省国土资源厅	《关于印发农村土地承包经营权确权登记颁证试点工作招标格式文本的通知》	统一规范招标格式文本
2014年4月	安徽省农业委员会、安徽省国土资源厅	《关于统一使用农村土地承包经营权地籍调查航空影像资料的通知》	统一使用由安徽省测绘局以乡镇为单位统一制作的外业调查工作底图
2014年4月	安徽省农业委员会	《关于加强农村土地承包经营权确权登记颁证试点信息报送工作的通知》	要求各地及时规范报送试点工作动态信息,建立工作调度、情况通报、督促检查、风险评估机制
2014年5月	安徽省试点工作专项领导小组办公室	《关于成立省农村土地承包经营权确权登记颁证政策咨询和技术指导小组的通知》	公布政策咨询小组和技术指导小组人员名单,规定工作开展由省试点工作专项领导小组办公室统一安排
2014年5月	安徽省农业委员会、安徽省国土资源厅	《关于加强安徽省农村土地承包经营权确权登记颁证调查图件及数据安全保密管理的通知》	规范调查图件和数据安全保密管理工作
2014年7月	安徽省财政厅、安徽省农业委员会	《安徽省农村土地承包经营权确权登记颁证试点奖补资金管理暂行办法》	规定试点奖补资金使用管理要求,提出奖补资金不得用于建设办公场所、购置交通工具、发放人员工资和奖金补贴等无关开支
2014年7月	安徽省农业委员会、安徽省国土资源厅	《关于加强农村土地承包经营权确权登记颁证项目招投标监督管理工作的通知》	明确投标企业范围,规范投标资格审查、招投标过程、评标办法、招标收费和代理机构管理、招投标管理,要求严肃查处招投标违法违规行为
2014年7月	安徽省农业委员会、安徽省国土资源厅	《安徽省农村土地承包经营权确权登记颁证技术方案》	规定确权登记颁证技术标准和操作流程
2014年9月	安徽省农业委员会、安徽省档案局	《安徽省农村土地承包经营权确权登记颁证档案管理办法(试行)》	提出档案管理工作要遵循坚持统一领导、分级管理、分类归档、集中保管等原则,要求加强档案工作监督指导,做好档案验收和移交工作

1. 设计试点方案,组织业务培训

凤阳县为了确保试点工作顺利开展,组建了包括领导小组、工作平台、工作体系的组织架构。其中,领导小组下设办公室,负责试点工作日常事务。工作平台由县委组织部从相关部门抽调5名工作骨干搭建而成,包括业务指导组、综合协调组、政策解答与纠纷调助组、督察督办组,分类指导和协调试点工作的开展。各乡镇、村、组也成立了相应的组织机构,在试点工作中共调动280名乡镇干部和7929名村组干部参与,形成了县、镇、村、组四级试点工作体系。

为了指导各级工作人员有序推进试点工作,凤阳县原国土资源部门根据安徽省出台的试点工作意见、技术方案等政策文件,在调查研究的基础上,结合地方实际编制了试点工作实施方案,设计了由5个阶段、18个步骤组成的工作流程,如图5-10所示。考虑到土地确权登记工作的技术性和专业性,为了确保工作质量,凤阳县分层次组织开展了一系列业务培训活动,以提高各级工作人员的专业认知和技能,帮助他们熟悉制定的工作流程和操作规范。首先,集中对各乡镇领导以及各行政村党组织书记、主任和业务骨干进行了培训。其次,培训村组干部和村民议事会成员。另外,还对乡镇业务人员开展了专业技术培训,培养专业队伍。

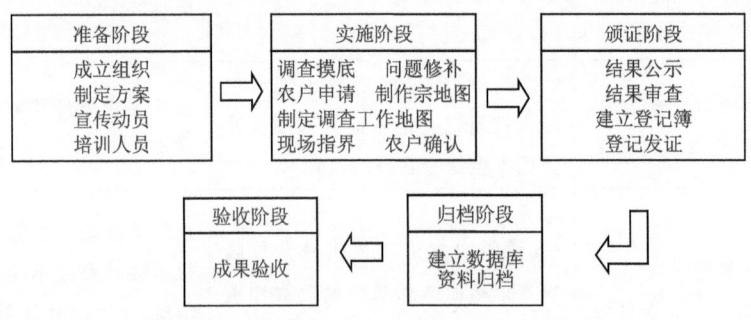

图 5-10　凤阳县确权登记颁证试点工作流程

2. 委托专业团队,创新操作办法

权属调查是农村土地承包经营权确权登记颁证工作的关键内容。做好权属调查工作,需要专业测绘地理信息企业运用公众认可的规范化技术方法,查清农户承包地块的空间信息,绘制承包地块分布图,进而确认土地权属状况和界址状况。由此,在试点工作中,凤阳县通过公开招标的方式,确定一些具有测绘资质的专业化公司为中标单位,授权委托他们负责调查摸底、实地勘测、测绘等具体工作。

由专业化测绘公司组成的技术团队在试点实践中,对测绘技术、工作方法、操作流程进行了探索。在测绘技术方面,测绘团队经过设计、实验、比对,发现效果最好的地籍测绘方法是将人工实测与航测相结合,不仅操作便捷,成本也比较低。在工作方法上,专业团队探索形成了"五先五再"工作法。在操作流程方面,工作人员因地制宜地摸索出"六个一"工作程序,即一边申请一边填表,一边审核一边汇总,一边公示一边拍照①。这些测绘机构除了需要在试点工作中探索创新有效的技术方法、操作程序外,还需要在试点任务完成后,严格根据《测绘成果质量检查与验收》(GB/T 24356—2009),检查承包地块勘测成果质量,按照《测绘技术总结编写规定》(CH/T 1001—2005)完成承包经营权调查勘测专业技术总结,单位负责人需审核、签章确认之后,提交给项目委托单位评估验收。

3. 建立专家库,验收试点成果

为了科学评估试点工作成效,确保检查验收质量,2015年12月,安徽省试点工作专项领导小组办公室、安徽省农业委员会印发《安徽省农村土地承包经营权确权登记颁证成果检查验收实施办法》(以下简称《检查验收实施办法》),对检查验收的组织实施、内容方法、程序、结果评定等方面进行了详细规定,为各地试点评估工作提供指导。与此同时,安徽省建立检查验收专家库,承担具体评估工作。专家库成员由省、市、县的农业、国土、财政、测绘、档案等部门以及有关院校具有农业经济、土地、档案管理、专业测绘、空间数据库、信息化等专业背景的专家组成。省、市、县可直接从省专家库中抽取专业人员成立检查验收组。

根据《检查验收实施办法》的要求,凤阳县在试点工作完成后,从省专家库中抽取专业人员组成评估团队,委托他们检查验收试点成果。评估团队主要采用内业查看、内业检测、外业抽样检测的方法开展检查验收工作,对确权登记颁证工作保障情况、完成情况、信息化建设情况以及调查勘测成果完成情况进行评估。评估工作完成后,专业人员填写完成承包经营权调查成果面积精度检查表等相关表格,提交给县确权办验收。凤阳县根据验收情况,编写自查报告并填写总体完成情况检查表,向市确权办报告,接受市级核查和省级验收。从试点成效来看,到2016年12月底,安徽省提前一年完成试点任务,在试点工作中探索形成的操作程序、技术方法等成效显著,共计发放1215万本农村土地承包经营权证,建立农户确权档案1213万户②。在组织验收、观察各地试点效果的基础上,安徽省全面推开确权登记颁证工作。

三、广东省农村不动产确权登记发证试点

在推进农村集体土地所有权、农村土地承包经营权确权登记工作的基础上,近年来中央对宅基地和集体建设用地使用权确权登记发证工作也予以高度重视。2014年8月,国土资源部等五部门联合印发《关于进一步加快推进宅基地和集体建设用地使用权确权登记发证工作的通知》,要求各地采用恰当的地籍测绘技术,尽快完成"房地一体"的全国农村宅基地和集体建设用地使用权确权登记发证工作(以下简称"'房地一体'确权登记发证工作")。2016年12月,针对各地在推进确权登记发证工作中出现的问题,国土资源部作出新的工作部署。之后连续三年,中央一号文件要求进一步加快推进"房地一体"确权登记发证工作,其中,2019年中央一号文件提出时限要求,要求力争2020年基本完成这项工作。

---

① 中国发展研究基金会.农村土地制度改革与基层治理[M].北京:社会科学文献出版社,2018.
② 中华人民共和国中央人民政府.安徽提前一年完成农村土地确权登记颁证[EB/OL].(2017-01-10)[2023-03-10].http://www.gov.cn/xinwen/2017-01/10/content_5158564.htm.

在此背景下,2019年5月,广东省自然资源厅部署启动省级"房地一体"确权登记发证工作试点,选定广州市白云区、佛山市南海区、韶关市乳源瑶族自治县(以下简称乳源县)、梅州市五华县、清远市连州市、江门市鹤山市以及东莞市作为试点单位。根据广东省试点工作安排,自然资源部门负责方案制定、技术指导、业务培训、成果汇总等工作,广东省国土资源测绘院作为省级技术指导单位负责研究制定技术文件、开发新技术方法,为试点提供技术保障。同年12月,广东省自然资源厅下发由广东省地图院国土测绘部牵头编制的《广东省"房地一体"农村宅基地和集体建设用地权籍调查技术指南(试行)》(以下简称《权籍调查技术指南(试行)》),为试点单位提供技术遵循。在省级相关部门的指导和支持下,乳源县发出广东省该项试点首批不动产权证书,形成了"乳源模式",试点情况如下。

1. 制定试点方案,设计技术路线

乳源县作为广东省指定的试点单位,积极响应上级部署,结合当地实际情况编制试点方案,于2019年10月发布试点实施意见,对登记范围、申请登记主体、登记程序等内容进行了详细规定,要求本轮确权登记发证按"总登记"模式开展,必须符合"一户只能拥有一处宅基地""不占用永久基本农田"的规定,遵循"以房屋建成正在使用的现状为基础,以村小组、村委会、镇人民政府三级认定为依据"原则。为了规范操作流程,乳源县对具体登记程序进行了设计(图5-11):首先,以县人民政府名义在全县范围内发布总登记公告;其次,基于农村地籍调查成果,采用高精度测量方法,运用单边指界的方式,补充开展权籍调查;然后,由镇人民政府收集整理确权登记所需资料,提交给不动产登记机构预审并进行公示;最后,制证完成后,由镇人民政府统一向权利人(委托代理人)颁发不动产权证书①。

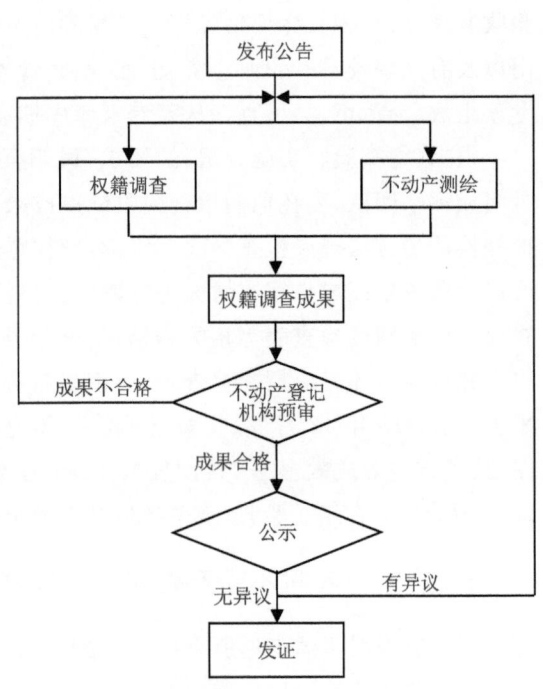

图5-11 乳源县确权登记发证试点操作流程

2. 专业机构受托作业,接受省级技术指导

在试点实施意见规定的原则要求、程序框架下,乳源县"房地一体"确权登记发证试点工作由专业作业团队负责实施推进。2019年9月底,乳源县自然资源局委托相关企业采用公开

---

① 乳源县人民政府.乳源瑶族自治县人民政府关于印发乳源瑶族自治县宅基地和集体建设用地"房地一体"确权登记颁证试点实施意见的通知[EB/OL].(2020-02-01)[2023-03-20]. http://www.ruyuan.gov.cn/sgrybgs/gkmlpt/content/1/1754/mpost_1754662.html#6121.

招标方式,采购"房地一体"确权登记项目,最终确定三家企业中标为作业单位,负责探索开发适合当地的地籍测绘技术方法,做好宗地房屋测量和权籍调查工作。

2020年在疫情新形势下,传统房地测量方法遇到挑战,由于测量周期长、外业强度大、人员高度密集不利于疫情防控工作,"房地一体"确权登记发证试点进度受到影响。为了适应新形势、新要求,广东省国土资源测绘院作为省级技术指导单位,积极开发新测量方案、革新技术流程。乳源等试点地区的作业单位接受省级技术指导,及时学习更新技术方法,在三个方面实现了突破。一是开发高精度测量工艺,提高数据采集质量。广东省国土资源测绘院基于超低空无人机倾斜摄影测量技术、三维激光扫描技术等已有的技术储备改进工艺,实现将影像分辨率提高到3cm以内,可得到精细的实景三维模型成果。二是利用新技术,提高房屋变化检测效率。广东省国土资源测绘院通过引进中山大学等高校最新科研成果,利用深度学习和人工智能技术,对前后两期遥感正射影像的变化进行检测,快速识别需要修补测的新增房屋,之后利用激光三维扫描等多种测绘方法开展修补测工作,解决底图现势性不满足调查实际等问题。三是研发"房地一体"内外业一体化权籍调查平台。广东省国土资源测绘院研究创建包括服务器端、桌面端、移动端的权籍调查平台:服务器端可部署调查所需的数据库和地图引擎,发布遥感正射影像等数据;桌面端分为作业端、监理端、领导端,方便项目相关各方使用;移动端是外业权籍调查应用程序,使作业人员可在外业开展无纸化调查工作。另外,村民在公示期还可通过平台参与线上公示、及时反馈意见[①]。

3. 测试检验新方法,修订技术指南

为规范各地"房地一体"确权登记发证成果验收工作,广东省自然资源厅制定了成果验收及汇交办法,对验收的验前要求、验收及汇交的工作流程、质量评定的方法、要求和标准进行了规定[②]。在质量评定方面,由地级以上市自然资源主管部门组织具有乙级及以上不动产测绘资质的专业技术单位、熟悉不动产权籍调查工作的专家,对县(市、区)自然资源主管部门上报的文档成果、权属调查与测绘成果、权籍调查数据库成果等报验材料进行外业检查、内业检查和质量判定,形成质量评定结果。

经检查验收,乳源等地的试点成果表明广东省国土资源测绘院新开发设计的测量方案和技术流程有效,广东省自然资源厅于2020年9月修订《权籍调查技术指南(试行)》,补充和完善农村不动产登记权籍调查工作的调查方法和精度要求,形成正式的《广东省"房地一体"农村宅基地和集体建设用地权籍调查技术指南》(以下简称《权籍调查技术指南》)(图5-12),主要修订内容集中在以下三个方面。首先,补充新技术方法。将经试点证明有效的倾斜摄影测

---

① 广东省自然资源厅.创新测绘手段,在疫情中助力广东省"房地一体"农村不动产确权登记发证工作[EB/OL].(2020-08-26)[2023-04-12]. http://nr.gd.gov.cn/gkmlpt/content/3/3072/mpost_3072723.html#664.

② 广东省自然资源厅.看过来!!! 省自然资源厅举办全省"房地一体"农村不动产登记发证工作视频培训会[EB/OL].(2020-09-27)[2023-04-12]. http://nr.gd.gov.cn/gkmlpt/content/3/3093/post_3093560.html#3128.

量技术、三维激光扫描法编写进《权籍调查技术指南》,明确规定相关技术要求和标准。其次,修订精度要求。广东省自然资源厅根据试点地区在权籍调查工作中遇到的问题,结合实地调研情况和首件产品检查结果,多次组织专家研究讨论,对原有的农村房屋测量方法结合实地丈量法的界址点精度、边长精度、面积精度要求进行了修订,使确权登记成果质量要求更切合实际。最后,明确技术要求。《权籍调查技术指南》进一步明确了采用部分解析法开展农村不动产权籍调查的地区,开展房屋修补测可使用的具体技术方法及应达到的要求,包括丈量成果平差及上图要求等①。

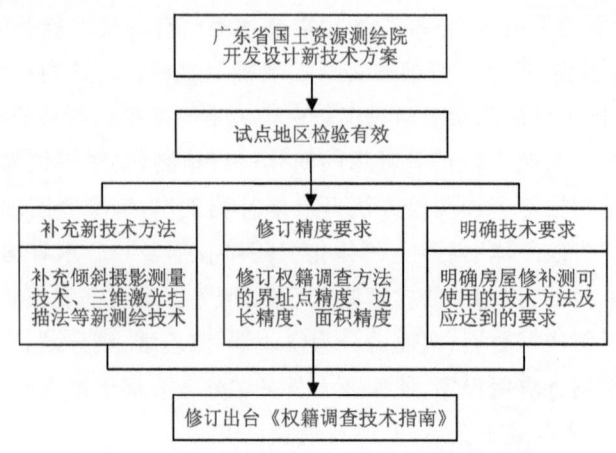

图 5-12　广东省修订出台《权籍调查技术指南》

四、专家受托型试验与操作性知识生产

专家受托型试验是在政策目标和政策路径已经相对明晰的情况下,为解决微观技术不确定性而组织的试验行动,旨在利用专家的专业优势开发技术工具,在小范围内检验政策工具的实际效果,生成客观操作性知识,增进政策认知。在农村土地产权制度改革中,随着集体所有、家庭经营的制度模式基本确立,现代化土地管理信息和技术亟待跟进,土地经营权流转等改革工作也亟需相配套的信息基础和技术支撑。为此,各级政府积极与具有相关技术专长的专家联系,授权委托他们设计技术方案,通过局部试点检验技术效果,确定新的技术标准,并转译为政策话语供决策系统使用,形成专家受托型试验。

1. 授权委托专家

通过对三项试点进行案例分析可以看到,针对技术要求较高、风险较小的议题,决策系统选择将政策试验实施权委托给相关领域的专家行使,以提高操作性知识的生产效率和质量,增进政策认知。其中,专家包括政府职能部门技术官员、官方智库研究人员、专业化企业技

---

① 广东省自然资源厅.引入新方法,完善旧体系:省厅修订《技术指南》,助力"房地一体"农村不动产权籍调查[EB/OL].(2020-09-09)[2023-04-12]. http://nr.gd.gov.cn/ztzlnew/bdcdj/gzdt/content/post_3081362.html.

人员,以及高校、科研院所科研人员,他们在制定指导方案、设计技术方案、实地测试检验、评估试点成果等工作中发挥专业优势,推进试验进程。政府部门主要通过成立试点工作领导小组(包括组建工作领导小组办公室及下设机构)、公开招标签署协议、抽调人员组建专家组等形式,分别将试验领导权、试验实施权、试验评估权委托给各类专家行使,主导试验行动,如图5-13所示。

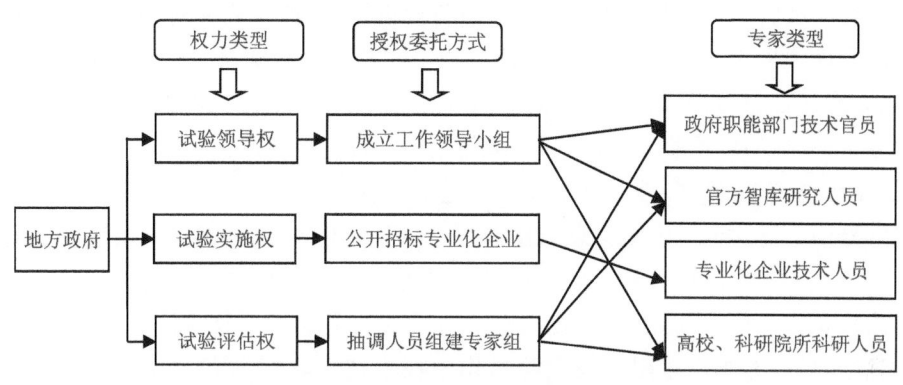

图 5-13 确权登记颁证试点中政府授权委托方式

一是成立工作领导小组。通过梳理以上三个案例可以看出,由于确权登记工作专业性较强、操作要求较高,在试点中不同层级政府从与议题相关的职能部门中抽调人员成立工作领导小组,授予试验领导权,负责组织试点工作的开展,并通过组建办公室、下设技术指导小组等机构的方式,委托专家研究技术问题,为试点工作提供技术指导。江苏省东台市在农村集体土地所有权确权登记发证试点工作中,成立了由国土、农业、林业等多个职能部门领导为成员的工作领导小组,负责研究需协调的政策和技术问题,制定《技术设计书》。在农村土地承包经营权登记试点中,中央层面由农业部门牵头成立试点工作领导小组,统筹指导试点工作;省级层面安徽省成立由农业部门牵头的试点工作专项领导小组,负责分解任务、做好业务指导;县级层面凤阳县作为省级试点单位成立了领导小组,在领导小组办公室下设立业务指导组、综合协调组、纠纷调处组、督察督办组,抽调业务骨干集中办公。

二是公开招标专业化企业。确权颁证工作涉及测绘、创建数据库等技术性内容,需要由掌握相关技术的专业人员通过试验途径探索开发具体工作方法、技术路线和操作流程,检验、确认它们的实际效果,为全面开展确权颁证工作提供技术准备。为了确保试验产出的技术方法等操作性知识的质量,江苏省东台市、安徽省凤阳县、广东省乳源县这些基层试点单位都选择市场化运作的方式,通过委托招标公司公开招标具有测绘、软件开发等相关资质的专业化企业,确定技术作业团队,授权他们试验实施权,负责设计并实地测试具体操作办法。

三是抽调人员组建专家组。从上述三个案例可以看到,在试点评估阶段,试点地方都高度重视专家学者的专业价值,通过从政府内部职能部门、官方智库、高等院校等机构抽调具有相关专业背景的专家成立专家组,建立相对独立的专家评价机制,授予他们试验评估权,负责检查验收试点成果,为决策系统提供参考。在江苏省集体土地所有权确权登记发证试点中,东台市的试点成果由盐城市国土资源部门组建专家组进行评估。在安徽省农村土地承包经营权确权登记颁证试点中,省级政府从省、市、县的农业、国土、测绘等部门以及高等院校抽调具有农业经济、土地、测绘等专业背景的专家,组织建立专家库,省、市、县可直接从省专家库中抽取专业人员成立试点检查验收组,运用专业方法开展试点评估工作,评价试点中确权登记颁证工作保障情况、完成情况、信息化建设情况等,填写相关表格。

2. 检验政策假设

专家受托型试验的核心是遵循演绎逻辑进行假设检验,即专家针对特定议题运用已有的知识储备演绎推理生成新的政策假设,在此基础上初步设计政策方案,经实地检验判断假设是否成立、方案是否合理,再对政策方案进行相应的处理。在上述三项试点中,专家基本遵循设计技术方案、实地测试检验、修订调整方案等流程进行假设检验。

首先,设计技术方案。各地开展土地确权登记颁证试点的目的在于,率先在小范围内创新探索能够准确查清并记录宗地信息的技术路径和工作方法,为大范围开展确权登记颁证工作固定技术方案和工作流程。从上述三个试点中可以看到,为完成确权登记颁证试点任务,生产可靠的操作性知识,政府部门先委托专家利用自身掌握的专业知识储备设计技术方案、拟定技术标准,再由专业作业团队在实际操作中检验技术方案的有效性和技术标准的合理性。江苏省东台市在试点工作中,授权由国土、农业、林业等部门领导干部组成的工作领导小组负责组织专业人员研究制定《技术设计书》。安徽省凤阳县在推进试点工作时,依据安徽省农业委员会、安徽省国土资源厅、安徽省测绘局出台的技术方案,结合当地情况制定了确权登记颁证试点工作方案。在广东省"房地一体"确权登记颁证试点工作中,广东省地图院国土测绘部牵头编制《权籍调查技术指南(试行)》,广东省国土资源测绘院作为省级技术指导单位也在已有技术储备的基础上研究开发新测量工艺、技术流程等。

其次,实地测试检验。专家利用已有知识储备理性设计的技术方案的结果和效果具有不确定性,为了解决这两个方面的不确定性,专业技术人员在试点实践中按照技术方案要求进行作业,观察、记录方案的实际产出和效果,收集相关信息、增加知识积累。在上述三项试点中,江苏省东台市授权委托专业测绘企业的技术专员实地作业,测试由试点工作领导小组设计的技术方案;在安徽省凤阳县,受权的专业测绘公司遵循凤阳县国土资源部门设计的工作流程,对具体测绘技术和工作方法进行细化,经实验比对发现航测与人工实测相结合的地籍测绘方法效果最佳,操作便捷且成本低;广东省乳源县委托的专业作业团队在疫情新形势下及时学习广东省国土资源测绘院创新的测量方法和技术流程,小规模测试新方法的效果,尤其是检验新方法对疫情的适应性。

最后,修订调整方案。技术方案在经实地测试检验后,需要由专家运用专业方法评估确定检验结果,判断政策假设是得到证实还是证伪,再根据评估结果对技术方案采取相应的措施。在以上三项试点中,专业技术人员按照技术方案完成实地作业后,专家团队受权负责检查验收试点工作,评估确权登记颁证完成情况,进而判断预先设计的技术方案的实际产出和效果。江苏省东台市的试点工作经盐城市原国土资源局组建的专家组评估后,被认为工作方法得当、手段正确,之后东台市根据试点经验对《技术设计书》进行了修订,细化了确权原则、外业权属核查等内容,制定了一套完整的作业方法。安徽省凤阳县在完成试点工作后,委托由省专家库成员组成的评估团队对试点成果进行评估,评估团队采用内业查看、外业抽样查看等方法开展检查验收工作,评估确权登记颁证工作完成情况、调查勘测成果完成情况等。随后,安徽省根据各地评估反馈意见到预先设计的技术方案并没有覆盖到不易确权到户的情况,进而制定出台相关政策,对农地承包经营权确权登记颁证中"确权确股不确地"或"确权确亩不确界"方式的适用情境、技术路径和流程进行规定,完善技术体系。广东省在通过乳源县等地试点检验确认广东省国土资源测绘院新设计的测量方案和技术流程有效后,对《权籍调查技术指南(试行)》进行了修订,补充了新测绘技术方法,修正了权籍调查方法的精度要求,明确了开展房屋修补测可使用的具体技术要求。

3. 转译操作性知识

专家受托型试验由政府职能部门技术官员、专业化企业技术人员、官方智库研究人员以及高校、科研院所科研人员等各类专家主导,旨在针对特定技术议题生产操作性知识,增进对技术事实的认知,化解技术工具的结果和效果不确定性。由于操作性知识本身具有较高的专业壁垒,与其他知识的兼容性和通约性较低,因此需要经过适度的转译,转化为决策系统可理解的政策话语,才能够很好地被应用于政策制定之中。从三项试点中可以看到,在试点工作完成后,政府部门通过组织专业人员填写表格、撰写报告、开展座谈等转译机制,获取、积累可理解的操作性知识,并将其转化为政策行动话语,如图 5-14 所示。

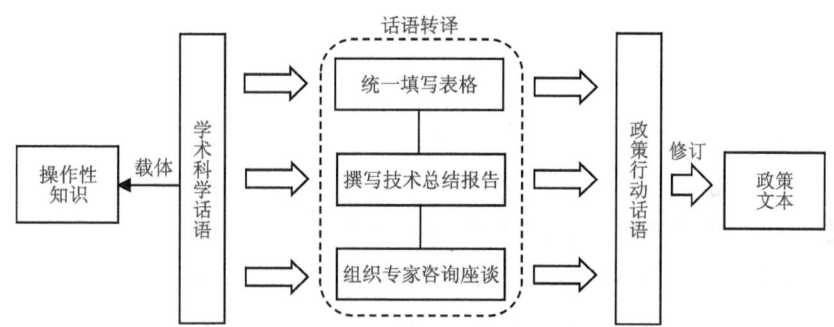

图 5-14 确权登记颁证试点中操作性知识转译

首先是按要求统一填写表格。表格是政府部门按照权威意图、使用官方术语制成的,要求填表者基于自身所掌握的信息以及表格要求的特定形式和话语来填写,是对原材料进行加工、对信息进行标准化分类、使原始信息符合政府部门处理要求的工具①,可承担知识转译功能。在安徽省农村土地承包经营权确权登记颁证试点中,安徽省制定的《检查验收实施办法》要求,专家在完成评估验收工作后,需填写并提交工作保障落实情况检查表、承包经营权调查成果完成情况检查表、承包经营权调查成果面积精度检查表等一系列表格,将通过检查验收工作收集获取的界址点精度、信息化建设等操作性知识,以表格的方式转译为政府部门可理解、可接受、可处理的话语形式呈现出来。

其次是按标准撰写技术总结报告。报告是集中反映工作基本情况、经验教训、问题难点、

---

① 张乾友."表僚主义"论[J].公共管理与政策评论,2022,11(5):3-13.

对策方案等内容的文本,政策试验中的技术总结报告可陈述技术方案的设计与实施过程,提供重要数据和证据,是操作性知识的重要载体。安徽省在《检查验收实施办法》中明确规定,承担确权登记颁证项目的测绘机构需严格参照国家标准,检查承包地块勘测成果质量,撰写承包经营权调查勘测专业技术总结,分标段向项目委托单位提出验收申请。各县(市、区)或其上级部门则需要组建专家团队,负责检查验收承包地块勘测成果,撰写检查验收报告报上级单位审核。广东省在试点工作中,要求乳源县等试点地区组织整理包括文档成果、权属调查与测绘成果、权籍调查数据库成果在内的报验材料,提交给地级以上市自然资源主管部门组织的专家检查验收,评定成果质量。

最后是组织专家咨询座谈。政府官员通过座谈等形式与专家开展对话沟通,听取专家解释试点成果,可更加直接地将操作性知识转译为政策行动话语,增进决策者的政策认知。江苏省东台市在完成试点后,组织专家座谈讨论,听取专家意见,制定完整的确权登记发证作业办法,修订完善《技术设计书》。广东省自然资源厅在调研了解各地试点情况的基础上,多次组织专家围绕权籍调查方法的精度问题展开研究讨论,对全解析法、部分解析法、图解法结合实地丈量法这三种测量方法的界址点精度、边长精度、面积精度进行调整,修订出台《权籍调查技术指南》,为全省范围内的相关工作提供技术指导,促进由试点产出的操作性知识的传播与应用。

第三节 本章小结

通过梳理集体所有、家庭经营的农村土地产权制度确立后相关政策的发展过程可以看到,针对不同类型的不确定性,决策系统采用了差异化的试验模式进行知识生产,以满足知识需求。在改革目标已基本确定、政策选项高度不确定的情境下,决策系统组织权威倡导型试验,动员低层级政府多点试验,创新实现政策目标的具体路径,为决策提供备选方案,建构结构性和系统性知识。在政策目标和相应的政策路径都较为明晰,而微观技术工具的结果和效果存在不确定性的情况下,决策系统委托专家运用专业知识主导试验,设计并检验技术手段的有效性,从而确定技术路线和标准,生成操作性知识。

本章通过对农村土地产权制度转型发展过程中的权威倡导型试验和专家受托型试验展开多案例分析,总结得出以下结论。

第一,权威倡导型试验是高层决策者主导的政策求解过程,致力于从地方创新中总结经验,细化政策安排,生成系统性知识。20世纪八九十年代,中央在接受包产到户是社会主义性质的生产责任制这一理念后,未来一段时间的政策方向基本确定下来,即巩固和发展以家庭联产承包责任制为基础的农村土地产权制度,而实现这一目标的政策选项仍然具有高度不确定性。在此情境下,中央在农村承包地产权制度改革等多个方面统筹部署了多个试点项目,规定试点目标、主要任务、试点地区、评估方式等内容,旨在调动地方积极性创新政策方案,从地方学习吸纳成功经验,加快完善相关政策安排。权威倡导型试验在系统性知识生产方面具有优势。一方面,中央可利用政治权威动员地方围绕特定目标开展政策创新。中央政府根据加快农村土地产权制度建设的知识需要,通过非均衡赋权的方式,自上而下选择部分地方作为知识生产单元,激励他们分散试点、为创新而竞争,探索多样化的政策方案,提高知识生产质量和效率。另一方面,中央在全国层面政策创新上具有信息优势①。在不同试点项目中,中央利用稳定的多层级试点组织架构和灵活的跨层级互动交流机制,建立起大规模纵向府际学习网络,自下而上及时获取地方试点信息、学习成功经验,对这些分散的信息和知识进行整合、解读和应用,发展出一套兼容自洽的系统性知识,制定出台新的政策安排。

第二,中央政府自上而下发起的权威倡导型试验对失败的容忍度比较高,对于效果不佳的地方试验采用注意力转移等方式悬置或消解,予以容错纠错。为确保通过试验获得所需知识,中央政府在农村承包地等产权制度改革的各个试点项目中,都选择多个试点单位同步平行开展试验探索,最终只给予一小部分取得良好绩效的试点创新高度关注,将其吸纳到全国性政策制定当中,其他成效不显著的基层探索由于缺乏中央关注而逐步被消解。对于像宅基地使用权抵押贷款试点这类整体效果未达到预期的试点项目,中央则将其并入其他更具综合性的改革项目中统筹考虑,在降低各方对该试点项目关注度的同时,允许地方继续探索改革路径。

第三,专家受托型试验遵循演绎逻辑,致力于检验技术工具的有效性,在操作性知识生产方面具有优势。三项试点都由各级政府通过成立工作领导小组、公开招标专业化企业、抽调人员组建专家组等形式,将试验领导权、实施权、评估权授予政府职能部门技术官员、官方智库研究人员、专业化企业技术人员以及高校、科研院所科研人员等各类专家行使,委托他们通过试验途径在确权登记颁证方面开发新技术,检验新技术的效果,为大规模解决权属不清等微观问题提供技术支撑。首先,技术官员根据已有的知识储备设计技术方案,再由具有权属调查、测绘等专业资质的企业安排技术人员参照技术方案实地作业,在试点地区小规模测试检验技术方案的有效性。之后,由政府内部掌握相关专业知识的工作人员以及高校、科研院所科研人员组成评估团队,验收评估技术方案的实际产出和效果,评定确权登记颁证质量。最后,政府部门在咨询相关领域专家的基础上,根据试验反馈修订技术方案,开发形成了一套完整的集体土地所有权确权登记发证作业方法、土地承包经营权确权登记颁证技术体系,以及"房地一体"确权登记发证测量方案和技术流程,提高农村土地现代化、信息化管理水平。

第四,专家受托型试验对失败的容忍度比较低,通常一次只测试一种干预方案,一旦失败技术方案将被推翻重新设计。三项试点都由专家预先运用专业知识设计技术方案,再由试点单位实地测试检验方案的结果和效果,这意味着一项试点一次只检验一套方案设计,试点失败表明要推翻原先的预设,重新设计技术方案再次进行检验。从三项试点的结果来看都是成功的,发现问题也只是根据试点经验对技术方案进行了局部修订或补充。

基于上述,通过对农村土地产权制度改革中的试验历程进行梳理和总结,可以得到一个基本结论:政策议题的不确定性类型,对政策试验的组织模式具有关键影响。整体来看,在改革的不同阶段,议题不确定性类型有所不同,政策试验采取了差异化的组织模式。在改革初期,农村土地产权与其他议题交织在一起,决策者、基层农民等各方主体凭借已有的知识积

---

① 吕方,梅琳."复杂政策"与国家治理:基于国家连片开发扶贫项目的讨论[J].社会学研究,2017(3):144-168.

累,既无法判断严重的农业生产问题出现的原因,难以理性规划政策目标,也不清楚解决问题的政策路径,议题的目标、选项以及结果和效果都高度不确定。面对这种情境,农民作为利益相关者投身到实践当中,自发通过试验探寻问题解决路径,积累经验性知识。在农民群体自主创新的包产到户做法得到当地政府肯定和支持后,试验转向政社合作模式,继续探索优化包产到户。随着试验实践的开展,包产到户在激发农民生产积极性、提高农业产量等方面表现出巨大优势。20世纪60年代初,安徽的领导干部为帮助农民走出生存困境,冒险支持农民以"责任田"的形式试行包产到户,并且在70年代末80年代初大力推进包产到户试验合法化,派驻干部蹲点,与农民合作开展试验,进入政社合作型试验模式。基于试验经验,安徽省委领导提出了"土地固定到户使用""所有权归生产队""尊重农民土地经营自主权"等新概念,初步形成了农村土地所有权与承包经营权相分离的政策理念,深化了对农村土地产权的认知。

随着政策环境变化,在真理标准问题大讨论和改革开放的背景下,中央高层在不同意见的交锋中,逐渐承认包产到户是社会主义性质的生产责任制,开始改革旧制度、建立新制度,农村土地产权制度改革的目标逐渐明晰,即巩固和发展集体所有、家庭经营的农村土地产权制度。如何实现这一目标成为决策系统面临的首要问题,政策选项不确定性亟待解决。对此,中央发起权威倡导型试验,部署诸多改革试点项目,调动地方积极性创新政策方案。在总结吸纳地方性知识的基础上,中央加快顶层设计,全面取消农业税,修订《中华人民共和国土地管理法》《中华人民共和国农村土地承包法》《中华人民共和国农民专业合作社法》等法律规定,引领农村土地产权制度适应新形势。在发展和完善制度建设被提上中央政策议程后,与制度建设相配套的技术性问题越来越得到关注,专家受政府部门委托成为政策试验的关键行动主体,运用专业知识和科学方法开发并检验确权登记颁证技术的实际效果,致力于化解技术工具的结果和效果不确定性。

第六章 政策创新的驱动机理：基于政策试验的解释

在变动不居的政策环境下，政策创新显得至关重要，是及时回应各类政策问题或现实需求，适应环境变化的关键。政策创新意味着政府部门为解决特定问题或满足某种需求而实施的一项对其而言全新的政策方案，不论是在制定新政策还是在预判新政策的结果与效果方面都需要大量知识支撑。政策试验具有在不确定情境下促进知识生产的优势，多样化的试验模式为生产不同类型的知识、满足政策创新的知识需求提供了可能。根据政策试验的"组织模式与知识生产"框架，政策试验可以在面对各类不确定性时灵活调整组织模式，生产决策所需的知识，这些知识最终服务于创建并应用一套新的政策体系，适应政策环境。前文对不同议题情境下政策试验的组织模式展开了分析，剖析了不同试验模式的行动逻辑和知识生产功能，本章将结合案例分析的新发现，进一步探讨政策试验是如何通过促进知识生产来驱动政策创新的。

基于对包产到户的早期探索过程及后续改革进程展开实证分析，研究发现中国农村土地产权制度改革在不同阶段采用了不同试验模式，经历了社会自发型试验、政社合作型试验、权威倡导型试验、专家受托型试验，逐渐由统一经营、集中劳动的公社型农村土地集体所有制，转向集体所有、家庭经营的农村土地产权制度。在政策试验的驱动下，改革不仅有效解决了农业合作化和人民公社时期农业生产效率低下、农民生活贫困等问题，还持续创新政策安排，提高农村土地利用效率、维护农民合法权益，推进农业农村现代化建设。由此可见，在不同议题情境下，通过政策试验的推进，国家治理的创新能力得到显著提升：试验不仅能够触发改革，瓦解不合时宜的旧政策、创建新政策，驱动制度的范式性变革，还能够持续引领政策创新，适应内外部环境变化，逐步完善政策体系。那么，面对各种不确定性，政策试验是通过哪些环节和机制加快知识生产进而驱动政策创新的？形成了哪些学习模式提高知识生产效率、实现政策创新的？回答这些问题构成本章的主要内容。

第一节 试验驱动政策创新的运作过程

政策创新不同于注重首创性的政策发明，政府采纳并实施一项自身初次实施的政策，就是政策创新,而不论该政策之前是否被其他地方采纳过①。政策创新源于意识到社会问题,建立专题学习机制,并将新的认知付诸实践②。根据前文定义,政策试验是一种预设学习策略的政策制定机制,具有探索性和可逆性,旨在通过局部试点的方法驱动组织学习,生产新的政策知识,增进政策认知,这与政策创新的知识需求相契合。从政策试验的角度理解政策创新可以看到,一项关系大局、影响深远的政策创新并不是一蹴而就的,而是由小范围的试验逐渐集聚创新力量,通过试验学习持续生产政策知识,生成新的政策目标及方案,渐进完善政策体系,最终达成政策创新的结果。政策试验为政策创新提供了知识生产的局部场域,构建了转型图景,探索了实现路径,提前评估了实际效果。试验驱动政策创新的过程如图 6-1 所示。

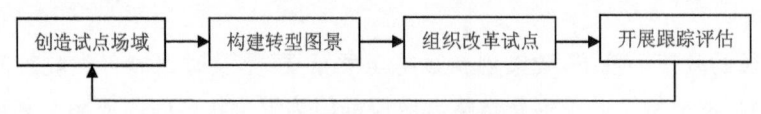

图 6-1 试验驱动政策创新的过程

一、创造试点场域

政策试验通过在现行政策系统中开辟局部变革空间,为政策创新提供所需的场域,由一部分具有改革创新精神的政策先行者在其中组成小型网络,生产新的政策知识,增进政策理解,探索并执行新的政策方案。创新场域既不是一个行政平台,也不是一个咨询机构,而是一个创新的行动网络,使得针对政策议题生成新观点成为可能③。在试点场域中,改革先行者以个人为基础,根据他们的背景、能力、诉求参与创新行动,他们试图通过表达、交换自身的观点和掌握的知识,促进对各种问题的认识逐渐趋同,最终达成共同信念作为创新愿景,成为未来创新活动的发展方向。从"三起三落"的包产到户试验历程中可以看到,自 20 世纪五六十年代开始,各地富有改革魄力的农民群体为摆脱生存困境,自发组成行动网络,在小范围内尝试创新包产到户的做法,期望提高农业生产经营效率。然而,这些试验行动由于缺乏政治权威的支持,最终都走向了终结。直到 20 世纪七八十年代,小岗村包干到户试验得到了安徽各级政府以及中央高层的支持,才成功撬动农村土地产权制度改革。这表明转型场域要想保持长期稳定运转,势必需要政府部门正式授权,授权意味着为试验提供合法性以及各种资源支持。

二、构建转型图景

政策试验在为创新行动创造局部空间后,采用"探索学习"的策略在不断反思和沟通协商中逐渐构建起清晰的转型图景,为创新行动提供具体指引。相较而言,创新愿景是一种抽象、

---

① WALKER J. The diffusion of innovations among the American states[J]. American Political Science Review,1969,63(3):880-899.
② 杨宏山,李娉. 政策创新争先模式的府际学习机制[J]. 公共管理学报,2019,16(2):1-14.
③ VAN BUUREN A, LOORBACH D. Policy innovation in isolation? Conditions for policy-renewal by transition arenas and pilot projects[J]. Public Management Review,2009,11(3):375-392.

模糊的期望和诉求的表达，为政策创新提供方向性指导，而转型图景是更为具象、清晰的目标，是创新政策方案要达到的目的。转型图景如果具有足够的吸引力和想象力，将得到广泛行动者的支持和参与，扩大创新网络，吸引更多资源投入，加快知识生产。在案例分析中，包产到户试验之所以能够一再吸引农民参与，是因为它所创造的转型图景是改变生产经营模式、提高生产力和粮食产量，帮助农民摆脱生存困境。经过试验发展，包产到户不仅得到了广大农民的拥护，也获得了政府官员、专家等多元行动者的支持，创新网络有所扩展，加快了多种类型知识的生产。转型图景并不是一成不变的，它根据行动者在创新场域中生产、创造的新知识和新见解动态调整，灵活适应政策环境变化，提高可持续创新能力。在家庭联产承包责任制确立前后，试验所构建的转型图景有所不同，由改革高度集中化的人民公社体制、提高农业生产经营效率，转向巩固和发展集体所有、家庭经营的农村土地产权制度、提高现代化土地管理水平。

三、组织改革试点

转型图景需要通过一套新的政策方案来实现，而政策新方案的探索依赖于试验行动。在创造创新场域、构建转型图景后，政策试验组织动员基层行动者在创新场域中发挥积极性和创造力，探索实现转型图景的具体路径。从农村土地产权制度改革的案例分析中可以看到，多样化的政策试验组织模式尤其是权威倡导型试验为大规模探索转型图景的实现路径提供了支持。在经历社会自发型和政社合作型试验后，统一经营、集中劳动的公社型农地集体所有制逐渐瓦解，集体所有、家庭经营的农村土地产权制度确立起来，意味着新的转型图景形成，即坚持农村土地农民集体所有制不动摇、坚持家庭承包经营基础性地位不动摇。中央围绕这一转型图景组织地方大规模实施改革试点，这对于政策创新具有两方面积极意义：一方面，多个地方在转型图景的引领下同时平行开展试验创新行动，创造了多样性，提高了成功政策选项出现的可能性和概率；另一方面，中央根据转型图景进行战略规划，顶层设计一套试点项目组合，这些项目相互强化，共同为制度转型生成配套的政策新方案。

四、开展跟踪评估

在政策试验中，及时跟踪评估试点情况，对于了解和掌握创新行动的实际效果及知识生产状况至关重要。试点评估工作涉及四个不同方面：首先，对创新场域中的行动者网络构建情况、政策创新活动进行监测，判断试验行动是否向转型图景推进；其次，监测创新行动本身的进展速度、障碍和有待改进的地方，为下一步工作安排提出建议，根据需要对转型图景、行动者网络进行调整；再次，从大量地方创新中评估识别具有可推广、可重复性的政策举措，为政策决策提供参考；最后，对创新行动产出的新知识、新见解，以及这些知识和见解是如何传播应用的进行监测，评估政策创新的产出情况和实际效果，判断创新行动是否成功。基于案例分析可以看到，相较于其他试验模式，权威倡导型试验和专家受托型试验有着更为健全的评估机制。在中央自上而下倡导的试验中，一些试点项目如农村承包土地的经营权抵押贷款试点，明确规定由中央相关部门牵头负责试点工作的监督、指导和评估事宜；试验推进过程中，中央组建督查组对各地试点工作进行督查，评估地方试验进展、成效和存在的问题，试验地区的试点工作小组及相关部门则负责监督、评估辖区内试点创新活动,定期向主管部门报送试点情况,接受上级监测和评估;试验期满后,中央政府评估地方试验成果,总结可复制、可推广经验,部署下一步工作安排。在专家受托型试验中,由经过专业训练的专家选用恰当的技术方法开展评估验收工作,判断农村土地确权登记技术路线的效果,再根据评估结果对技术方案采取相应的措施。

第二节　试验驱动政策创新的学习模式

试验为政策创新创造了专门的知识生产场域、发展了行动图景、开发了实现路径、提前确认了效果,是驱动政策创新的重要力量。作为一种预设了学习策略的政策行动,政策试验驱动创新的关键也在于学习,在学习中反思、探索、总结,加快新知识的产出,创新政策安排。通过政策试验的"组织模式与知识生产"分析框架,以及农村土地产权制度改革的案例分析,我们可以看到,在不确定情境下形成的多样化试验模式带动了各种形式的学习活动,促进了新知识的生产、传播和应用,推进了政策创新。在此过程中,政策试验一方面创造了高度集中化的学习场域,在此场域中,具有改革创新精神的行动主体经过调整政策理念和聚焦注意力①,针对转型图景完成学习,为政策转型提供替代性政策方案;另一方面建构了庞大的政策学习网络,使得试验行动者在当地找到有效的问题解决方案后,能够通过网络迅速让其他行动者知晓,在各方主体间扩大共识,引起广泛的学习和模仿,传播政策创新。区分议题情境来看,针对不同类型的不确定性,政策试验采取了差异化的组织模式,形成了不同的试验学习类型,主要有反思性学习、协商性学习、科层式学习和认知性学习,对政策创新发挥驱动作用,如图 6-2 所示。

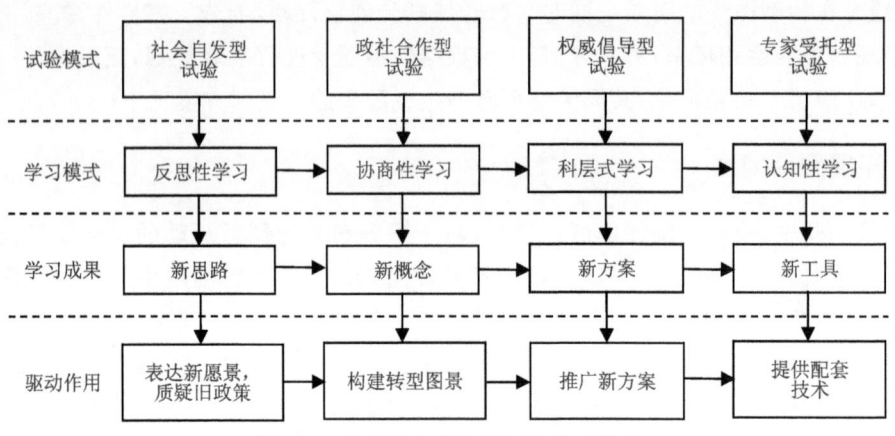

图 6-2　试验驱动政策创新的学习模式

---

① 刘一弘,钟开斌.学习与竞争:重大突发事件如何触发政策变迁的文献述评[J].公共行政评论,2021,14(6):24-43.

一、反思性学习

反思性学习采取的是边做边学、边观察边调整策略,没有预设前提和目标,不仅学习过程没有时间约束,所学到的东西以及这些经验教训可能导致的结果也是完全开放的。这意味着反思性学习的成果具有一定的偶然性,在某个合适的时间点上从经验教训的反思中萌发的新想法、探索的新做法,可能对现行政策框架造成意想不到的冲击,引发政策变迁甚至制度变革。有研究指出,系统中一个小的初始变化从长远来看可能会对系统转型产生深远影响[1]。从案例分析中可以看到,虽然全国各地农民自发兴起的多轮包产到户试验都以失败告终,但是积累了丰富的经验,最终安徽省小岗村农民通过试验创新的包干到户,毫无预期地撬动了人民公社制度,成功触发了农村土地产权制度的系统性变革。由于反思性学习的后果具有不可控性,学习绩效也没有特定的衡量标准,当通过反思试验教训所习得的经验性知识,帮助利益相关者对政策问题形成了更为清晰的认知,创新发现了令人满意的问题解决路径,使利益相关者的诉求得到满足,就意味着反思性学习取得了良好的绩效,学习过程也即将结束。

反思性学习是社会自发型试验中的主要学习模式。社会自发型试验是在一项政策议题的目标、选项、结果及效果都高度不确定的情境下,利益高度相关的社会群体出于维护自身利益的考虑率先行动起来,作为改革先行者通过试验途径在小范围内探索创新问题解决路径,表达改革愿景,以求尽快摆脱困境。在此情境下,利益相关者将自身不完整的经验、知识与价值观结合起来开展试验行动[2],通过不断试错的方式获取经验教训,学习经验性知识,在此基础上调整试验行动,剔除绩效不佳的做法,摸索可行的创新思路,形成反思性学习模式。

二、协商性学习

协商性学习以他人的知识积累为主要学习对象,以沟通交互为学习媒介,以构建转型图景、创新问题解决思路为主要目的,是政社合作型试验的主要学习模式。在这类试验中,决策者与社会群体具有不同的知识和信息优势,为协商性学习奠定了基础。协商性学习如果成功生产出政社双方具有共识的概念性知识作为新的政策目标,则意味着学习取得了良好成效。从安徽省包产到户试验中可以看到,农民群体掌握与特定时空环境高度相关的经验判断,他们学习领会政府部门的指导要求、结合本地情况开展试验行动,在试验创新的基础上产生新的政策想法和观点。当地政府官员则通过考察调研、组织调查等形式与农民对话沟通,了解试验情况,协调立场、交换意见,学习吸纳一些新想法,更新政策观点,同时运用自身掌握的政治行政知识,对农民反馈的经验性知识进行总结提炼,统一了包产到户的概念,形成了"土地使用权与所有权相分离""包产到户是社会主义生产责任制的一种形式"等政策理念,将新的

---

[1] ROTMANS J, LOORBACH D. Transition management: reflexive steering of societal complexity through searching, learning and experimenting[M]// VAN DEN BERGH J, BRUINSMA F R. The transition to renewable energy: theory and practice. Cheltenham: Edward Elgar, 2008.

[2] MAJONE G. Evidence, argument, and persuasion in the policy process[M]. New Haven: Yale University Press, 1989.

政策理念作为转型目标。

高效的协商性学习需要建立在行动主体密切互动沟通之上。有研究发现,在稳定的政策群体占主导地位的政策环境中,互动将被常规化①。在安徽省包产到户试验中,当地官员与农民群体作为稳定的政策行动主体发挥主导作用,双方建立了常态化的互动合作关系,交换机制构成协商合作的基础。对于农民而言,与政府部门合作开展试验,不仅得到了政治支持,获得了具备合法性的创新场域,吸引了更多注意力、人力、物力、财力等资源的投入,强化了试验学习,还通过稳定的沟通协商渠道向政府官员传导自身的利益诉求、意见和政策愿景,影响转型图景的形成。对于政府官员而言,通过合作试验加强与农民的沟通联系,一方面在密切的协商讨论中了解了农民的政策诉求和价值偏好,在此基础上认识和界定政策问题,探索未来政策方向,提高了政策创新的回应性、包容性和公信力;另一方面在协商中学习吸纳新观念、新想法,增进政策认知、革新政策理念,找到了提高农民生产积极性和粮食产量的有效路径,推进农村土地产权制度改革创新。

三、科层式学习

科层式学习依赖于等级规则运作,其核心要素是权力和服从,是权威倡导型试验的主要学习模式。在中央发起的倡导型试验中,中央政府运用政治权威整合各类资源,设置多级目标体系、布置试点任务、设定时间约束,遴选基础条件好、学习能力强的地方授予优先试点权,动员其迅速学习把握中央意志进行"规模创新",集中力量生产决策所需的知识。试点地方服从中央安排,学习试验相关规定,在特定的框架范围内开展创新行动。其中,中央政府有选择性地赋予部分地区先行先试权,实际上是授权在地方创造多个创新场域,允许部分地方围绕转型图景探索政策新方案,与其他地区执行现行政策安排形成双轨制试验格局②。当一些试点地方成功将中央设定的转型图景转化为实际的政策知识产出,创新出具有良好绩效的政策方案,引起其他地区学习甚至模仿,将产生扩散效应,实现新政策向原有政策系统渗透,扩大小范围政策创新的影响。一旦地方创新得到中央的认可和关注,被整合为系统性知识制定全国性政策方案,将置换原有的政策安排,实现政策转型。中央从多个配套的试点项目中学习归纳成功经验,针对转型图景制定一揽子政策安排,还将引发制度的结构性变革。

在科层式学习中,政府系统内部通过构建稳定的多层级试点组织架构和动态的跨层级互动交流机制,建立了紧密的纵向学习网络。在中央部署的农村土地产权制度改革试点项目中,自上而下来看,中央政府根据巩固集体所有、家庭承包经营的农村土地产权制度这一转型图景,设置试验议题、规划部署试点项目,规定每项试点的指导思想、基本原则、试点任务、评估方式等内容,采用组织试点工作培训班、印发试点工作指引等形式,向下传达这些内容,指导创新行动,试点地方需要及时学习领会上级指示精神,按要求落实试验安排。自下而上来看,中央政府通过要求试点地方按时提交试点进展报告,搭建试点经验交流会、试点工作推进

---

① DUNLOP C A. The lessons of policy learning: types, triggers, hindrances and pathologies[J]. Policy & Politics, 2018, 46(2): 255-272.

② 杨宏山. 双轨制政策试验:政策创新的中国经验[J]. 中国行政管理,2013(6):12-15.

会等平台,以及组织专项督导、调研督查、派驻干部到试点地方挂职等多种方式,强化与地方政府的联系,及时将分散在各处的试点信息收集、整合起来,识别、学习绩效显著的创新经验,吸纳到政策制定当中,产出政策方案。

四、认知性学习

认知性学习是依赖于专家生产客观的操作性知识,更新专家本身和决策系统对于技术工具的理性认知的过程。有学者强调,认知性学习是拓展和完善人们对于自然世界和社会世界的科学知识的重要渠道[①]。可以从两个方面去理解认知性学习:一是政府内部技术官员、高校科研人员、专业化企业技术人员等不同类型的专家,利用试验机会提前在小规模创新场域中测试新技术工具的有效性,收集证据信息,学习了解技术方法的优势和存在的问题,完善自身的专业知识体系,相当于开展科学研究工作;二是决策系统向专家学习通过试验生成的操作性知识,增进对政策工具的认识,制定技术方案,推广应用新的技术手段。相较于其他类型的试验学习,认知性学习的目标较为微观、单一、具体,即生成关于技术工具的科学检验的知识主张,利用这些知识改进政策工具、提升政策效果。对于政策创新而言,通过认知性学习调整优化技术安排,可为新政策的落地执行提供必要的配套技术支持。

认知性学习是专家受托型试验的主要学习模式。这类试验是在决策系统针对特定议题已经积累了相对丰富的知识,转型图景和路径已经基本确定的情况下,为了化解微观政策工具的结果和效果不确定性,而委托受过系统的专业知识训练的专家在局部地区检验政策工具实际效果的试验安排。在农村土地产权制度改革中,各地是在国家层面确立了集体所有权与承包经营权"两权分离"的基本制度架构后,委托专家开展微观技术层面的农村土地确权登记颁证试点,为巩固和发展新的制度安排提供配套的技术支撑。这些专家在特定领域拥有认知权威,他们在接受政府部门授权,获得试验领导权、实施权、评估权后,运用自身掌握的理论知识体系创新技术方案,设计技术工具的具体操作方法、实施流程等内容,之后在特定区域内根据技术方案要求进行作业,观察、记录方案的实际产出和效果,收集相关信息、做好试验记录,再按照规定流程采用专业方法精准评估技术方案的有效性,并判断其是否可行。在此过程中,专家运用技术理性在创新场域中生成并学习客观的操作性知识,深化对技术方案的认知,并评估其有效性,同时专家负责向决策者反馈和解释这些操作性知识。

第三节 试验驱动政策创新的组织机制

通过上述分析可以看到,在不同议题情境下,差异化的试验模式驱动形成了不同形式的政策学习,包括反思性学习、协商性学习、科层式学习和认知性学习,它们加快了经验性、概念性、系统性、操作性知识的生产、传播与应用,为政策创新提供了必要的知识支撑。动态来看,随着议题不确定性变化,政策试验的不同组织模式之间存在转化关系,相应地,政策学习模式

---

① ANSELL C K, BARTENBERGER M. Varieties of experimentalism[J]. Ecological Economics, 2016, 130(10): 64-73.

也动态转化,在此过程中通过愿景表达机制、目标探索机制、双轨并行机制和适应调适机制,逐步瓦解旧政策、制定新政策,实现政策创新。

一、愿景表达机制

在经济社会发展过程中,国家治理始终面临一些长期存在的棘手问题,这些问题深深嵌入在社会结构当中,通常与系统性的政策失灵有关,需要大规模政策重组予以解决。社会自发型试验就是利益相关者对长期危及自身利益的政策问题感到不满,为改变现状、探寻问题解决思路,而自发在小范围内突破现行政策框架、创新政策做法的集体行动。这类型试验的发起者是具有创新精神的利益相关者,他们作为改革先行者具有开放的思想观念、创造性思维以及敢为人先的勇气和精神,率先开辟创新场域,通过实践不断试错、观察、吸取经验教训,在持续反思中习得有关政策问题的新知识,表达改革愿景,质疑旧政策。改革先行者提出鼓舞人心的愿景将吸引更多利益相关者加入试验行动,进而在一部分群体中集聚共识形成创新动力,对现行政策安排施加社会压力。在农村土地产权制度改革早期,一些地方的农民为改变生存境况摆脱贫困,秘密突破合作化、公社化的政策框架,自发开展包产到户试验实现了农业增产增收,吸引越来越多农民加入试验行列,创新各种形式的包产到户做法,对当时的正式制度体系造成压力。

利益相关者通过自发组织试验的方式驱动反思性学习,从积累的经验性知识中反思解决问题的新见解、新思路,成为冲击甚至瓦解旧政策的潜在力量。由于制度具有路径依赖特性,具有改革创新精神的试验发起者在探索问题解决路径、表达转型愿景的同时,旧体制依然存在并强有力,旧政策的支持者会对社会自发型试验的开展制造阻力,使得推进政策创新并不容易实现。早期农民自发组织的多轮包产到户试验对农业合作化、人民公社化运动构成挑战,在当时被认为是自发的资本主义倾向,遭到了中央的批判。只有社会行动者提出的新思路引起决策者共鸣,得到政治权威的支持,被正式采纳进入政策议程,才能真正触发大规模政策创新。

二、目标探索机制

如果社会行动者针对特定议题探索形成的政策新思路成功引起了决策者的共识,得到决策系统积极响应,双方将建立伙伴关系组成联盟,共同开展政社合作型试验观察新思路的效果,根据在试验中学到的新知识逐步调整、修正思路,使转型图景更加具体化、清晰化。相较于社会自发型试验,政社合作型试验由于有决策系统的加入与支持具有更强的合法性和稳定性。决策系统赋予当地社会行动者正式试验权限,意味着为其提供创新空间和资源支持,使社会行动者能够在受保护的环境下探索创新目标,积累的大量经验性知识和产生的新见解也能够更加高效地输入政策系统,转化为宏观政策目标。小岗村包干到户试验就是在安徽省各级领导的支持下,由农民秘密地下实施转为政社合作公开推行,扩大了政策创新的影响力,成为瓦解人民公社制度的重要突破口和撬动农村土地产权制度改革的重要支点。

政社双方通过合作开展试验的方式增进协商性学习,加强了政府系统内外部信息和知识的传递与交换。一方面,社会群体获得合法开展试验创新的机会,进一步增加经验性知识的积累,同时获得向决策者表达自身利益诉求和政策意见的稳定渠道,争取共识;另一方面,决策系统能够及时了解社会群体的观点和立场,学习吸纳一些新想法,从社会群体积累的经验教训中总结提炼新概念,形成概念性知识,作为未来政策发展的新目标。清晰明确的目标为政策创新提供了方向,如果有更多行动者认同这一目标,改变自身的政策观念,将扩大政策创新的支持者网络,吸引更多资源投入,形成强大的创新力量,积极探索替代性政策方案用以追求新目标。安徽省领导在包产到户试验取得显著成效后,积极向中央高层游说,就是为了在更大范围内寻求共识,争取中央领导认同包产到户作为一种社会主义性质的联系产量责任制是解放和发展生产力的有效安排,是未来可行的改革发展方向,希望在国家层面推动农村土地产权制度改革。

三、双轨并行机制

高层决策者针对重大改革议题接受了新的政策理念,明确了转型图景,将启动权威倡导型试验,提供必要的激励机制,鼓励低层级政府机构创新用于实现图景的政策选项。在权威倡导型试验中,高层决策者注重引导变异和选择,以提高知识生产效率和质量,增进对政策议题的系统性认知。在变异方面,高层级政府通过试点遴选机制,选择基础条件较好的地方作为改革先行者,组织他们率先针对转型图景平行开展试验,在同行竞争效应下进行差异化的创新探索,增加政策创新的多样性和知识生产的异质性。在选择方面,高层级政府具有信息收集和知识整合优势,可通过多层级试点组织架构和跨层级互动交流机制,及时跟进了解低层级政府试点情况,观察比较各地创新的政策方案的优缺点和绩效表现,从中选择最有希望扩大到更大规模的成功试验,学习归纳有益经验,经过整合和再建构发展出系统性知识,用于制定政策方案。

高层级政府借用政治权威的强大推动力,针对转型图景设置试验议题,构建理念驱动的科层式学习机制,可在短时间内动员各层级政府聚焦于某一议题开展专题学习,把握政治高层的改革意志和知识需求,集中力量进行政策创新,为改革决策提供多样化的备选方案。为了加强试验的统筹管理、提高科层式学习效率,倡导型试验大多以项目化形式运作,高层级政府将转型图景分解为若干分目标,分别设计试点项目,成立领导机构,指导地方开展试验行动。在每个试点项目中,试点地区在高层级政府的授权保护下可探索执行新的政策方案,与一般地区执行原有政策之间形成了双轨制格局。这种双轨并行机制,既不会使原有的政策系统立即陷入崩溃,又为新的替代性政策的生长和涌现提供了机会,推动政策柔性转型。针对特定转型图景的多个试点项目之间还存在强化效应,产出的政策方案能够形成一套政策组合,推进新制度的发展和完善。在农村土地产权制度改革进程中,中央从多个方面统筹规划改革试点项目,成功加快了系统性知识的产出,推动以家庭联产承包责任制为基本模式的农村土地产权制度不断得到深化和完善,并且灵活适应环境变化向可持续状态发展。

四、适应调适机制

当决策系统总结地方创新经验,提出结构化的政策安排后,还需要及时更新配套的技术系统,适应新的政策发展要求。为了加快知识生产和技术工具创新,决策系统选择跨界扩大行动者网络,授权在相关领域更具知识优势的专家负责试验行动,创新并检验政策工具的结果和效果。专家在接受授权后,运用自身掌握的专业知识,在规定的时间约束条件和特定的试验空间内,测试新技术方案、新工具方法的有效性,观察并收集数据,按要求生成操作性知识,为决策系统提供参考。

专家针对微观层面的技术议题开展试验,生产操作性知识,带动认知性学习,能够更新决策系统对于技术工具的理性认知,加快建立维护新政策运转的技术系统,制定并出台科学的指导性技术文件。建立配套的技术系统、更新调整技术方案,旨在适应三个方面的变化:一是适应政策路径的调整。当政策创新推进到一定阶段,政策发展正式转轨时,原有的技术安排将难以与之相匹配,需要建立一套支持其运转的技术系统,在统一经营、集中劳动的公社型农地集体所有制转向集体所有、家庭经营的农村土地产权制度后,为了确认农民土地权利、提高土地管理水平,各地积极组织试验创新技术方法,致力于建立农村土地确权登记数据库等信息管理系统;二是适应新政策执行的需要。经权威倡导型试验产出的一些新的政策安排需要遵照特定的技术标准规范执行,这就要求决策系统及时制定用于指导政策执行的配套技术方案;三是适应科学技术发展。当今科技创新日新月异,及时淘汰落后的技术工具,将新的技术方法应用于政策领域,转化为先进的政策工具,可提升政策效果。技术工具的适应性调适与政策创新是伴生关系,如果政策安排发生了变化,而操作层面的技术工具未能及时更新与跟进,将对政策的可持续发展造成阻碍,不利于政策创新的持续推进。在农村土地产权制度改革中,如果不及时更新技术方法、确定技术路线、做好土地确权登记颁证工作,后续土地经营权流转、宅基地使用权抵押贷款等工作将难以开展。

综合上述,单一试验并不足以启动和推进可持续的政策创新。可持续创新受益于多种政策试验模式的相互配合和转化,是政策试验通过愿景表达、目标探索、双轨并行、适应调适机制驱动的结果。随着不确定性发生变化,政策试验模式会发生转化、衔接运作,构成政策知识生产的连续体,与此同时政策学习模式也相应发生转化,促进各方吸纳、传播、应用不同类型的知识,将各类知识转化为政策创新的驱动力。具体而言,不同类型的政策试验以及政策学习模式在转化过程中,通过表达新的政策愿景质疑旧政策,之后从经验性知识中提炼新概念确立为转型目标,再在目标引导下生产、建构系统性知识用于替代旧的政策规定,建立新的政策体系,最后应用操作性知识促进技术安排的适应性调适,由此将微观、宏观不同层面的知识模块有机联结成一个连贯、配套的系统范围的知识组合,实现政策创新。

第七章 结论与讨论

第一节 主要研究结论

本书关注议题不确定情境下政策试验的知识生产功能。在由不同类型的不确定性构成的差异化议题情境下,政策行动者采用不同的试验模式,促进政策知识的生产,满足决策的知识需求。本书在对政策试验文献进行系统梳理的基础上,构建了政策试验的"组织模式与知识生产"分析框架,选用农村土地产权制度改革作为典型案例展开分析,试图回答以下问题:政策试验是如何促进知识生产的?在差异化的议题情境下,政策试验的组织模式有何不同?在知识生产方面存在哪些差异?政策试验是如何驱动政策创新的?通过理论框架构建、典型案例分析,本书得出以下结论。

第一,议题不确定性的具体情境直接影响着政策试验的组织模式。议题不确定性是政策行动者对一项议题的未来发展趋势及后果的不可预知程度,它在根本上受制于政策行动者针对议题的知识积累状况,直接影响着政策试验的组织模式。对于目标高度不确定且尚未被纳入政策议程的议题来讲,政策试验由利益相关者自主发起,遵循溯因逻辑探索问题解决思路,寻找新的政策方向。社会行动者的创新做法引起当地决策者的注意和共鸣后,双方建立跨界合作网络,按照溯因逻辑进一步探索新思路的可行性,对其进行调适、优化,进而从试验经验中提炼新概念,明确政策目标。在议题的目标不确定性得以化解、选项不确定性还有待解决的情况下,高层决策者在更大范围内组织概念驱动的倡导型试验,提供激励因素,动员地方创新多样化的政策方案,应对选项不确定性,之后遵循归纳逻辑整合地方成功经验,建构系统性知识、制定政策方案。随着针对政策方案形成结构性认知,政策试验进入技术性领域,由专家主导试验进程,在演绎逻辑的指导下运用专业方法创新并测试政策工具,生成操作性知识,处理其结果不确定性和效果不确定性。

第二,不同的政策试验组织模式在知识生产方面具有各自的侧重点,共同构成一个知识生产连续体。针对一项新的棘手问题,政策知识的生产起步于积累经验教训,从大量经验性知识的积累和反思中获得启发,形成新的政策思路,进而引领后续政策行动。比较而言,社会自发型试验的触发门槛较低,个人、社会组织、企业等作为利益相关者在问题倒逼的情况下都有机会启动试验程序,自发在局部范围内采取行动探索问题解决路径,生产经验性知识。政社合作型试验能够发挥决策系统和社会行动者双方的信息和知识优势,决策系统运用自身掌握的政治行政知识,对社会行动者反馈的高度情境化的经验性知识进行总结提炼,在概念性知识的生产方面具有优势。权威倡导型试验可借用政治权威调动大量低层级机构作为知识生产单元,进行政策选项的"规模创新",生成多样化的政策备选方案,为整合建构系统性知识提供基础。专家受托型试验关注于操作层面的技术路径开发和检验,有利于客观的操作性知识的生产。上述四类试验模式共同构成了一个政策知识生产连续体,为重大改革决策提供庞大而统一的知识体系。

第三,政策试验受制于政治权威的影响,服务于论证并维护决策者的政治主张。社会自发型试验是利益相关者为改变政策现状而采取的探索创新行动,对现行政策体系构成潜在威胁,因此高层政治权威高度重视并密切关注这类试验,一旦发现试验结果挑战自身的政治主张,就会立即叫停,避免试验影响政策稳定。在此情境下,政策试验在政治面前是脆弱的,知识生产过程容易受政治力量干预而中断。政社合作型试验虽然有政府部门介入,能够获得一定的政治支持和各类资源投入,但是主要集中在地方层面,要想保持长期稳定运作、扩大试点创新的影响力,还需要积极向上游说新的政策概念,争取中央认可和支持。权威倡导型试验是掌权者经博弈明确新的政治主张后,自上而下发起的试验行动,致力于为实现改革目标创新差异化的政策备选方案,应用于支持和推进改革。专家受托型试验是为了保障新政策顺利落地实施,由专家开发和检验新的政策工具的过程,为支撑决策主张提供技术基础。

第四,政策试验不是一次性的方案检验过程,而是随议题情境变化转换组织模式,形成持续的政策学习与知识生产循环。政策试验作为一种预设学习策略的政策制定机制,在不同议题情境下,促进知识生产、增进政策认知,不仅能够触发改革,质疑旧政策、创建新政策,还能够在特定理念的指导下,引领政策持续渐进优化,提高政策适应性,推进改革向纵深发展。具体来看,政策试验通过创造试点场域、构建转型图景、组织创新试点、开展跟踪评估,为政策创新提供了空间、目标方向、可选路径和行动标准,确保政策创新得以运转起来。同时,政策试验通过愿景表达机制、目标探索机制、双轨并行机制和适应调适机制,使得具有共同信念和愿景的政策行动者聚集在局部变革空间内,有意识地开展反思性学习、协商性学习、科层式学习、认知性学习,加快经验性知识、概念性知识、系统性知识、操作性知识的生产,分别形成了新思路、新概念、新方案和新工具,组合起来构成一套新的政策体系,替代不合时宜的旧政策。

第五,不同的试验组织模式伴随着差异化的议题学习模式,各自发挥不同的作用驱动政策创新。政策创新是通过试验学习不断反思探索,将最初宽泛的政策设想转化为成熟的政策安排,使一项新政策由模糊走向清晰化、定型化的过程。在此过程中,随着议题情境发生变化,政策试验的组织模式也相应发生转化,带动了不同形式的政策学习活动,对政策创新发挥差异化的驱动作用。社会自发型试验以不断试错的方式积累经验教训,通过反思经验教训习得可行的政策新思路,新思路将引发新的政策行动,成为政策创新的起点。政社合作型试验是政府部门与社会行动者建立稳定的合作关系,通过密切的沟通协商向社会群体了解利益诉求、协调立场,学习新观念、新想法,进而提炼新概念、确立新目标的过程。政社双方在互动交流中形成了协商性学习,在达成共识的基础上明确了创新转型图景。权威倡导型试验在不同层级政府间建立了紧密的纵向学习网络,低层级政府向上学习改革意图、试点要求等内容,落实试点创新任务,高层级政府向下学习成功的创新经验,总结建构系统性知识,构成科层式学习,由此制定的新政策将逐步替代旧政策。专家受托型试验生成的操作性知识,有助于增进决策系统对于技术工具的理性认知,形成认知性学习,在此基础上制定的技术方案,为新政策的推广落实提供了必要的技术支持。

第二节 优化政策试验的路径分析

政策试验不仅是技艺层面应对不确定性、降低决策风险的重要工具,也是提升创新变革的能动性、提高政策适应性的智慧力量。中国国家治理伴随着大量的试验探索,促进新知识的生产,灵活应对各种不确定性。要确保政策试验长期保持活力,为国家治理创新提供源源不断的知识支持,还需要通过以下几条路径进一步优化试验的机制设计。

一、区分议题情境,选择适当试验模式

政策试验具有多样化的组织模式,适用于差异化的议题情境。在面对现实问题的挑战时,政策行动者应当能够立足特定情境,准确研判需要首要解决的不确定性,选用恰当的试验模式予以应对,并及时把握议题情境的变化,灵活调整政策试验的组织模式,提高知识生产效率。对于目标高度不确定的政策议题而言,更适合通过社会自发型试验或政社合作型试验,激发社会活力扩充知识和信息的学习源,获取改革灵感和智慧,探索具有较高社会接受度的政策新目标;对于方向和目标已经取得较高共识度的政策议题来讲,则适用权威倡导模式,由高层级政府发出试验倡议,动员低层级机构创新用于实现目标的政策选项;对于结果和效果不确定的技术性议题来讲,更适合采用专家受托型试验,委托专家发挥专业特长测试政策工具的实际效果。

二、设定时限要求,避免试验陷入悬浮

政策试验不同于一般的政策过程,它具有严格的时间限制,需要在特定时间内进行创新探索,确认新政策的可行性、有效性和风险,及时为决策提供知识支持。然而在现实情境中,一些试验在开始前并没有设定具体的时限要求,导致政策行动者在推进试验时缺少时间约束,注意力容易逐渐分散,将精力投入在其他更具紧迫性的任务上。之后随着时间的推移,试验将逐渐走向悬浮而不了了之,无法生成决策所需的知识。为了避免试验流于形式,政策行动者在开展试点项目前可以明确实施进度和时间节点安排,制作时间安排表,利用时间压力提高试验的知识生产效率。依托内嵌的时间表,试验行动者还可以组织阶段性总结评估,有序推进试验,考察监督试验目标的实现情况。

三、改进试点遴选,提高知识生产质量

党的十八大以来,国家治理注重顶层设计,要求统筹推进各方面改革任务,政策试验更加

强调"中央设计的地方试验"①。在此背景下,权威倡导型试验得到了更多应用,中央需要进一步优化试点选择机制,以更加科学的方法和流程遴选试点单位,以确保知识生产效率和质量,为中央制定政策方案提供可行的政策选项。具体而言,针对非随机选点可能导致试验经验难以大规模推广的问题,政府部门可在试点选择阶段引入专家力量,委托相关领域的技术官员、研究者、技术人员组成试点选择小组,遵循随机性原则,选择一定数量的地方作为试点单位②。另外,由于权威倡导型试验多以项目化形式运作,各种试验任务都通过科层化途径下派,一些基层单位在同一时间承担了过多试点项目而负担过重,面对资源和人手不足,选择应付了事,使试验流于形式,造成资源浪费、知识生产质量低下。为了避免这种情况,政府部门可以建立试点数据库,详细记录地方政府承担试点工作的情况,在选择试点单位时尽量不考虑正在承担其他试点项目的地区,确保选出的试点单位有足够的能力、精力和积极性开展试验工作、进行知识生产。

四、发挥专家作用,建立试验报告制度

在改革成为主导话语的政策环境下,地方热衷于揣摩中央改革意图进行各种创新性质的试验探索。在实际运作中,地方政府为了争取中央关注和支持,具有夸大试验效果的主观偏好。结果是,一些自称"成功"的试验却难以推广开来,随着时间推移,甚至在本地也会偃旗息鼓,无法真正对改革创新发挥推动作用。针对这种情况,可以在各类试验中充分发挥专家作用,在试验评估阶段委托专家运用专业知识测量并收集数据,通过数据分析进行评估,判断试验创新的可行性和有效性。成功的试验项目需要专业人员撰写并发布正式报告,陈述试验设计和实施过程,公布有关试验效果的重要数据和其他证据,接受同行评议,在此基础上促进新知识的传播与应用,满足决策的知识需求。

第三节 理论创新与适用范围

一、理论创新与贡献

改革开放以来,中国国家治理通过组织大规模的政策试验,建立了全国性的学习网络,持续积累地方性知识,提升了国家治理的创新能力和韧性。面对大量政策试验实践,越来越多学者尝试构建理论分析框架予以解释,深化了对中国特色政策试验的认识。然而,现有研究大多是从实践观察出发,总结提炼央地互动等情境要素构建分析框架,对政策试验的运作过程、模式、积极影响进行刻画,强调中国政策过程的特殊性。本书的核心贡献在于从公共政策的一般性理论出发,结合组织学习理论,提出理解中国政策试验知识生产功能的学理性分析

---

① 曹正汉,钟珮.条块关系与中国的适应能力:对韩博天观点的修正[J].探索与争鸣,2020(11):100-111.
② 刘军强,胡国鹏,李振.试点与实验:社会实验法及其对试点机制的启示[J].政治学研究,2018(4):103-116.

框架,为政策试验研究提供新的视角。具体而言,本研究具有以下理论创新点和贡献。

一是从不确定性视角出发,构建理解政策试验的学理性框架。基于已有研究,本书尝试突破制度情境要素的约束、避免简单经验式的总结,从政策议题本身的特性着手,寻找构建一般学理性框架的切入点。一直以来,不确定性被视为政策试验的重要背景条件,但是缺乏深入的专题研究。由于人们只具备有限理性,而政策环境又始终处于变化之中,政策议题的未来发展趋势和结果难以预测,政策决策面临着各种不确定性。在此背景下,政策试验能够促进知识生产、提高认知水平,帮助决策者增进政策认识,灵活适应环境变化、控制决策风险,成为应对不确定性的重要途径。因此,本书从不确定性出发,首先将其分为目标不确定性、选项不确定性、结果不确定性、效果不确定性,不同类型的不确定性构成了差异化的议题情境,再根据议题情境和关键行动者的差异性区分四种政策试验的组织模式,探讨不同议题情境下政策行动者如何通过试验生产决策所需知识,满足认知需求,由此构建起政策试验的"议题不确定性与知识生产"框架,为中国政策试验研究提供新的解释。

二是探讨了不同类型政策试验模式在知识生产方面的功能定位。现有文献对于中国政策试验的研究,大多关注于组织层面的实践运作或者操作层面的工作方法,对政策试验背后深层次的组织学习、知识增长逻辑解释较少。政策试验本质上是在小范围内就特定政策议题生产新知识,为政策决策提供知识依据的过程。本书借鉴组织学习理论中的"知识生产"概念,对政策试验的知识生产功能展开研究,以此为立足点揭示政策试验为何能够有效处理不同类型的不确定性,成为促进政策创新的有力手段和避免由情况不明导致改革震荡的有效方法。面对差异化的议题情境,社会自发型、政社合作型、权威倡导型、专家受托型这四类试验模式,分别在经验性知识、概念性知识、系统性知识和操作性知识的生产方面具有比较优势,共同构成一个知识生产连续体。随着认知深化,议题情境发生变化,政策行动者通过调整试验模式,可以有针对性地促进相应类型知识的生产。

三是解析了政策试验是如何驱动政策创新的。现有研究的一个共识性看法是,政策试验对于中国改革决策至关重要,可以实现改革目标的紧迫性与改革过程的渐进性相统一,是推动改革创新的关键力量[①]。然而,政策试验与政策创新之间的关系仍然比较模糊,现有研究并没有对试验驱动政策创新的内在机理进行清晰的解释和剖析。本书在"组织模式与知识生产"框架之下,结合农村土地产权制度改革的案例分析,发现政策试验通过创造试点场域、构建转型图景、组织创新试点、开展跟踪评估,推动政策创新运作;通过驱动反思性学习、协商性学习、科层式学习、认知性学习,加快知识生产,促进政策创新;通过愿景表达机制、目标探索机制、双轨并行机制、适应调适机制,逐步消解旧制度、建立新的政策安排,推广应用政策创新。由此厘清了政策试验驱动政策创新的过程和机制,发现试验学习在其中发挥重要作用,深化了对中国政策试验作为一种改革创新力量的认知,并在此基础上提出了优化政策试验的具体路径。

---

① 宁骚.政策试验的制度因素:中西比较的视角[J].新视野,2014(2):27-33.

二、研究适用范围

本书从不确定性视角出发,提出的政策试验的"组织模式与知识生产"分析框架具有特定的适用范围。首先,该框架适用于解释重大综合性改革议题。针对这类议题的改革,需要复杂庞大的知识体系提供支撑,涉及主体较多,历时较长,有必要随着议题情境变化开展不同类型的试验促进知识生产。对于一些较为微观、范围较窄的政策议题,选用一种恰适的试验模式生产所需知识,即可满足认知需求,无需组合使用多种试验模式促进知识生产。其次,这一框架更适用于分析制度转轨时期实施的政策试验。在制度转轨时期,不确定性会在相对较短时间内发生较大变化,政策行动者需首先研判不确定性类型,识别知识需求,再采用合适的试验模式开展知识生产,为政策决策提供知识基础。随着议题情境发生变化,政策试验模式也会相应地有所转化。而在制度平稳发展时期,不确定性变动较小,以政策选项及其结果的不确定性为主,议题情境比较稳定,政策试验的模式选择也较为稳定。